AF219040

Carlo M. Anderke

Fakes or News

Wahr oder gelogen? - Finde es heraus!

Carlo M. Anderke

Fakes or News

Fakes or News?

Wahr oder gelogen? - Finde es heraus!

Drei „Meldungen" pro Ausgabe,

eine oder zwei wahr,

eine oder zwei gelogen.

Aber welche?

Bibliografische Information der Deutschen Nationalbibliothek:
Die Deutsche Nationalbibliothek verzeichnet diese Publikation in der
Deutschen Nationalbibliografie; detaillierte bibliografische Daten
sind im Internet über http://dnb.dnb.de abrufbar.

© 2022 Andreas Kloke (sezag@sezag.com)

Herstellung und Verlag: BoD – Books on Demand, Norderstedt

ISBN: 978-3-7562-2099-1

„Ich weiß, dass ich nichts weiß."

Zweieinhalbtausend Jahre ist es her, dass Sokrates im antiken Athen diesen Satz sagte, in Hunderten von Jahren hat die Menschheit seitdem Wissen auf Wissen angehäuft – und doch: Dieser Satz hat nichts von seiner Aktualität verloren. Jeden Tag passieren irgendwo in der Welt Dinge, werden Entscheidungen getroffen, die uns angehen, ohne dass wir uns ein eigenes Bild machen können. Wir sind in der globalen Welt, ja selbst in Stadt und Land um uns herum, auf die Berichte von Menschen und Medien angewiesen, ohne wirklich zu wissen, ob wir ihnen vertrauen können. Ist es wahr, was dort geschrieben steht? Will mich jemand manipulieren, mir seine Meinung aufzwingen? Wenn es hart auf hart kommt, können wir nur resignierend sagen: Ich weiß, dass ich nichts weiß.

Und dennoch: Misstrauen und Resignation helfen nicht weiter, gefragt ist Hinterfragen und Urteilsfähigkeit. Dieses Buch dient der Unterhalt, das Unwahrscheinliche der „Zeitungsmeldungen" soll staunen machen und amüsieren.

Aber Achtung: Mindestens eine der drei Meldungen pro Ausgabe ist erlogen, manchmal auch zwei. Aber welche?

Gehen Sie der Frage „Fake oder News? - Wahr oder erlogen?" nach. Sie können dies genauso tun, wie Sie es im wirklichen Leben auch tun würden: Wahrscheinlichkeiten abschätzen, Informationen einholen und vergleichen, die Verlässlichkeit der Quelle prüfen ...

Im Gegensatz zum wirklichen Leben darf man in diesem Buch natürlich auch einfach – raten.

Attentat   **Eine Kugel für die Muttergottes**

Am 13 Mai 1981 verübte der türkische Nationalist Mehmet Ali Agcas ein Attentat auf den damaligen Papst Johannes Paul II., der gerade auf dem Weg zu einer Generalaudienz war, und verletzte ihn mit drei Schüssen schwer. Glücklicherweise überlebte das Oberhaupt der katholischen Kirche dieses Attentat.

Dass die Kugeln keine lebenswichtigen Organe trafen, schrieb der Papst der Hilfe der Gottesmutter Maria zu, die er sehr verehrte. Als Dank für diese Hilfe ließ er eine der Kugeln vergolden und opferte sie im darauffolgenden Jahr der Statue der heiligen Maria in dem portugiesischen Wallfahrtsort Fatima. Seitdem trägt „Unsere Liebe Frau von Fatima", wie sie von Gläubigen genannt wird, die vergoldete Pistolenkugel in ihrer Krone.

Seenot   **Überleben im Müll**

Als im März 2021 der chinesische Frachter „Feihua" westlich von Australien in Seenot geriet und schließlich sank, konnten elf Seeleute der zwölfköpfigen Besatzung von einem japanischen Fischtrawler und aus Perth herbeieilenden australischen Rettungskräften aus ihren Rettungsinseln aufgenommen und gerettet werden.

Eine mehrtägige Suche nach dem zwölften Besatzungsmitglied, dem 20-jährigen Matrosen Hui Youyong, blieb erfolglos.

Tatsächlich wurde Youyong fünf Wochen nach dem Unfall zufällig von dem Forschungsschiff „Green Ocean" entdeckt und gerettet. Die „Grüner Ozean" untersuchte die Belastung dieses Teils des Indischen Ozeans durch Plastikmüll. Dabei fanden sie den entkräfteten Youyong, der mitsamt seiner Rettungsweste von der Strömung in eine riesige Plastikmüllinsel getrieben worden war. Indem es ihm gelungen war, einige größere Behältnisse zu einer Art Luftmatratze zu verbinden, durchsuchte er von dieser Liegefläche aus die Müllinsel nach Essbarem. Zu Hilfe kam dem Schiffbrüchigem häufiger Regen, den er mithilfe einer Plastiktüte und einer Colaflasche sammelte.

Besteuerung   **Das ist Spitze!**

Reich sein hat auch seine Schattenseiten. Das kann man feststellen, wenn der Steuerbescheid ins Haus flattert. 2014 hatten die Reichen vieler Länder bis zur Hälfte ihres Bruttoverdienstes an den Staat abzutreten. Allerdings gibt es große Unterschiede: Eine reiche Familie mit zwei Kindern braucht in Saudi-Arabien nur gut 3 % an Steuern zu entrichten, gefolgt von Russland, wo 13 % fällig werden. Die Spitzensteuersätze für diese Vergleichsfamilie liegen in den westlichen Industrieländern zwischen 40 und 50 % des Bruttoeinkommens.

Aber das ist – historisch gesehen – noch sehr bescheiden. In den USA lag in den 1950er-Jahren der Spitzensteuersatz für Einkommen über 200.000 $ bei 94 %! Die USA wie so oft: Absolute Spitze!

Möchte man da vielleicht gar nicht mehr reich sein? Andererseits, ein paar Prozent von Viel sind besser als 100 % von Garnichts, oder?

Gegendarstellung: Sie finden diese auf den letzten Seiten im Archiv unter der Registrier-Nummer 1304.

Pilze   **Die Tundra im Dauerrausch**

Der gemeine Fliegenpilz *Amanita muscaria* ist ein hübscher roter Pilz, hat weiße Sprenkel auf dem Hut und ist in den gemäßigten Zonen dieser Erde weit verbreitet. Wer in der Nähe solcher meist bewaldeter Gebiete zuhause ist, wird seine Kinder beim Umgang mit Pilzen allgemein zur Vorsicht mahnen – auf den Fliegenpilz werden diese Eltern aber als besonders gefährliche Spezies hinweisen.

Viele Völker der sibirischen Tundra sehen das traditionell anders: Sie schätzen den Pilz als halluzinogenes Rauschmittel, ja messen ihm in ihrer animistischen Schamanenkultur eine geradezu religiöse Bedeutung bei. Der Pilz wird entweder getrocknet verzehrt oder in Wasser aufgekocht und der so entstandene Sud dann getrunken. Dabei nutzen diese Völker den Pilz als „Endlos- Droge": Sie fangen nach dem Pilzkonsum ihren Urin auf und trinken diesen. Und schon beginnt der nächste Rausch…

Raumfahrt   **Ein strahlender Mond**

1957 war der Wettlauf zwischen der damaligen Sowjetunion und den USA um die Eroberung des Weltraums in vollem Gange. Die Russen hatten mit dem ersten Satelliten „Sputnik" vorgelegt, die USA waren in Zugzwang. Am Illinois Institute of Technology arbeitete man an einer spektakulären Aktion, die die Sputnik-Schmach tilgen sollte. Man plante ein spektakuläres Feuerwerk: An der Tag-Nacht-Grenze des Mondes sollte eine Wasserstoffbombe, deren Detonation jedermann auf der Erde beobachten könnte, gezündet werden und als Fackel des technischen Fortschritts am Himmel erstrahlen. Glücklicherweise entschieden sich die Amerikaner wie bekannt anstelle einer Bombe doch lieber dafür, Menschen auf den Mond zu schießen. Erst in den 1990er-Jahren kamen die geheimen Pläne des A 119 genannten Projekts ans Licht der Öffentlichkeit.

Pottwale   **Tierisch verliebt**

Der Pottwalbulle ist stattliche 16 Meter lang, wiegt ca. 40 Tonnen und zieht als Einzelgänger, wie es die Art der Pottwalbullen ist, durch die Ozeane. Seit einem Jahr hat er einen Namen, und zwar Romeo. Das kam so: Im Jahr 2017 bemerkte die Crew des Trailers „Welfare" das Tier zum ersten Mal in der Nähe ihres Schiffes. Der spätere Romeo benahm sich merkwürdig. Während Wale vorbeifahrende Schiffe normalerweise nach einem kurzen Abchecken ignorieren, kam Romeo dicht heran, umkreiste das Schiff und folgte ihm offensichtlich. Kurz vor der Einfahrt in den Hafen von Montevideo blieb er zurück.

Erstaunlicherweise tauchte er wieder auf, als die Welfare drei Tage später mit Ladung für Kapstadt in See stach. Seitdem folgt Romeo von Tauchgängen zur Nahrungssuche abgesehen dem Boot quer über die Weltmeere, zwischendurch wartet er vor den Häfen. „Romeo hat sich offensichtlich in den Trailer verliebt, flirtet und wirbt um das Schiff", sagt Ed Quack, ein renommierter Amateur-Walforscher, der auf Einladung des Kapitäns auf einer Strecke von Durban nach Yokohama an Bord war, um das Verhalten Romeos zu analysieren. „Sonaraufnahmen zeigen, dass die Klicklaute des Wales Brunftflaute sind, die die Bullen sonst nur in Gegenwart von Walkühen von sich geben."

Gegendarstellung: Sie finden diese auf den letzten Seiten im Archiv unter der Registrier-Nummer 1103.

Menschenrechte   **Fliegende Zwerge**

Eine der fragwürdigsten Errungenschaften der modernen Spaßgesellschaft ist das sogenannte Zwergenwerfen, bei dem anstelle eines Wurfgerätes kleinwüchsige Menschen von – vermutlich überwüchsigen - Kerlen möglichst weit oder auch hoch geschleudert werden. Ursprünglich stammt die Idee wie so manche skurrile Männerbeschäftigung aus Australien, wo auch in den 1980er-Jahren die erste Weltmeisterschaft stattfand und nach unbestätigten Meldungen mit 3,88 Metern ein Weltrekord aufgestellt wurde.

In vielen Ländern gibt es bereits Verbote dieses Spektakels. Selbst die Vereinten Nationen mussten sich Anfang des Jahrtausends mit der Frage „Zwergenweitwurf und Menschenrechte" beschäftigen. Anlass war die Klage eines kleinwüchsigen Stuntmans, der sich in seiner Berufsfreiheit als „geworfener Zwerg" eingeschränkt fühlte. Die Klage blieb erfolglos.

Wasserspülung   **Saubere Leistung, ihr Pharaonen!**

Als im Herbst 2020 in der Nähe von Kairo eine bislang unentdeckte Nekropole ausgegraben wurde, staunte die Welt über die Vielzahl gefundener Mumien. In den Hintergrund geriet dabei, dass auch eine andere Frage, die die Ägyptologen schon seit langem beschäftigte, geklärt wurde: Die alten Ägypter verfügten über ein ausgeklügeltes Sanitärsystem in ihren Palästen. Was lange vermutet wurde, konnte jetzt im Palast des Friedhofwächters – eine wegen des Glaubens an ein Totenreich wichtige Position — zweifelsfrei nachgewiesen werden. Ein System aus Steinrinnen, Becken und kleinen Kanälen wurde durch eine Art Schornstein auf dem Dach von Sklaven mit Wasser befüllt. „Wir fanden Kalkspuren, Waschbecken und Abtritte. Der Hausherr selbst hatte sogar ein spezielles Becken, das nur eine Art Bidet gewesen sein kann", so ein Sprecher des Antikenministeriums.

Poesie   **Ode an den Sport**
    Dass Pierre de Coubertin die olympischen Spiele der Neuzeit initiiert hat, weiß jeder, der sich für Olympia interessiert. Dass Coubertin aber selbst auch einmal eine Goldmedaille bei Olympia errang, wissen die wenigsten. Und das liegt nicht nur daran, dass er unter einem Pseudonym antrat.
    Auf der Olympiade 1912 in Stockholm gab es neben den Sportwettkämpfen auch Medaillen in unterschiedlichen künstlerischen Wettbewerben. Coubertin konnte dabei die Disziplin „Dichtung aller Art" mit einer "Ode an den Sport" für sich entscheiden. Wir gratulieren posthum.

Gegendarstellung: Sie finden diese auf den letzten Seiten im Archiv unter der Registrier-Nummer 0172.

Oliven   **Schattierungen in Schwarz**

Unreife Früchte sind oft grün. Wenn sie reifen, nehmen sie kräftigere Farben, z.B. Rot, an, um im überreifen Zustand braun oder schwarz zu werden. Ähnlich verhält es sich bei der Olive. Grüne und schwarze Farbe kennzeichnet nicht unterschiedliche Sorten - sie sagt etwas über den Reifezustand der Olive aus. Immer? Solange sie am Baum hängen: ja – im Geschäft: nein!

Olivenanbau ist ein Geschäft wie jedes andere und schwarze Oliven gelten als geschmackvoller und sind darum teurer, andererseits ist ihre Ernte später und auch aufwändiger, weil sie weicher und darum empfindlicher sind. Sie können nicht geschüttelt, sondern müssen von Hand geerntet werden. Um die Kosten dafür zu sparen und dennoch den höheren Preis zu erzielen, baden die findigen Olivenbauern die grünen Geschüttelten ganz legal in Eisensalzen und zaubern so mit Hilfe von Milchsäurebakterien aus billigen grünen im Handumdrehen teurere schwarze Oliven.

Handys   **Finger weg!**

Bei Verlust oder Diebstahl des Mobiltelefons besteht die Möglichkeit, das Gerät anhand von Ortungsdaten zunächst zu lokalisieren und dadurch vielleicht auch zurückzubekommen. Auf der letztjährigen Digitalgeräteschau in Omsk (Russland) stellte ein Anbieter eine App vor, die einen Schritt weitergeht: Das Risiko für einen Dieb wird dabei deutlich erhöht, da neben der Entdeckung jetzt auch eine erhebliche Verletzung nach dem Diebstahl droht. Ist anhand bestimmter Merkmale klar, dass es sich bei dem Verlust um Diebstahl handelt (was sich daran zeigt, dass das Gerät genutzt wird, ohne dass der Fund gemeldet wird), so kann der Besitzer über die App eine Selbstentzündung des Akkus auslösen, die nicht nur alle Daten auf dem Gerät löscht, sondern durch den explosiven Vorgang erhebliche Verletzungen und sogar Brände auslösen kann.

Eine Zulassung durch die russischen Behörden steht noch aus.

Streitkräfte   **Marine ohne Meer**

Dass der Nationalfeiertag Boliviens, eines Landes, das bekanntlich der einzige Binnenstaat des amerikanischen Kontinents ist und somit über keinen Zugang zum Meer verfügt, ausgerechnet als „Tag der Marine" gefeiert wird, kann schon erstaunen. Nicht nur das – das Land unterhält tatsächlich eine Marine, aufgeteilt in sechs Kommandobezirke. Ein Schiff hat die bolivianischen Marine auch, es liegt allerdings in einem Hafen in Argentinien.

Der Nationalfeiertag soll im Übrigen an Zeiten im 19. Jahrhundert erinnern, in denen Bolivien tatsächlich einen Zugang zum Meer hatte. Für den Fall, dass diese Zeiten noch einmal wiederkehren, ist Bolivien auf jeden Fall gerüstet.

Gegendarstellung: Sie finden diese auf den letzten Seiten im Archiv unter der Registrier-Nummer 0911.

Wurfgeräte   **Polen schlägt Australien**

„Bumerang" ist einer der Begriffe, die man unwillkürlich mit Australien verbindet. Es ist die Jagdwaffe der dortigen Ureinwohner, der Aborigines. Die Tatsache, dass man dort aus Holz gefertigte „Kylies", „Boomerangs" gefunden hat, die 10.000 Jahre alt sind, wird nicht allzu sehr verwundern.

Dass man aber 1985 einen 23.000 Jahre alten Bumerang fand, lässt schon eher erstaunen. Dieser ist allerdings nicht aus Holz, sondern aus dem Stoßzahn eines Wollhaarmammuts gefertigt. Ganz besonders erstaunlich aber ist, dass dieser älteste Bumerang nicht aus Australien, sondern aus den Karpaten in Polen stammt.

Mode   **Hosen an!**

Jahrhundertelang war es den Frauen in Frankreich verboten, Hosen zu tragen. Die französische Revolution, trotz ihrer Grausamkeiten eigentlich als Fortschrittsbringerin bekannt, hatte den Mesdemoiselles und Mesdames ein Gesetz beschert, das dieses untersagte. Ausnahmen gab es nur nach offizieller Erlaubnis der Stadtregierung.

Gut hundert Jahre später wurde das Verbot noch einmal bestätigt, auch wenn Frauen nun bei zwei Gelegenheiten Hosen tragen durften, nämlich wenn sie "entweder den Lenker eines Fahrrades oder die Zügel eines Pferdes hielten".

Gehalten haben sich die Damen schon seit langem nicht mehr an das Gesetz. Spätestens seitdem Marlene Dietrich in

Männeranzügen durch Paris flanierte, war es nichts als ein Stück Papier. So kam es auch, dass im Jahre 2013 das Gesetz abgeschafft wurde und Frauen in Frankreich nun auch ganz legal Hosen tragen dürfen.

Medien   **Die Sudoku- Schmiede**

Japan ist eine der großen Exportnationen dieser Welt. Die Wirtschaft des Landes versorgt seit Jahrzehnten die Welt mit Fahrzeugen und elektronischen Geräten. Eines der erfolgreichsten Exportprodukte des Landes kommt seltener zur Erwähnung: Vor etwa 20 Jahren trat die japanische Rätselform Sudoku ihren Siegeszug in der Welt der Rätselrater an. Heute kommt kaum eine Zeitschrift der Welt ohne diesen Pausenfüller und Langeweile-Vertreiber aus.

Den Siegeszug angetrieben hat die Sudoku-Tanyaba Ltd. in Osaka. Und sie ist mit ihm groß geworden. Der größte Sudoku-Vertrieb der Welt beschäftigt mittlerweile mehrere hundert professionelle Rätselentwickler, die Tag für Tag über den neun mal neun Feldern der Sudoku-Schablonen sitzen und neue Zahlenrätsel entwerfen für die Zeitungen dieser Welt. „Natürlich kam uns zugute, dass wir in Japan eine lange Sudoku-Tradition haben", sagt Miko Tamagichi, der Pressechef der Firma. „Auch die Unabhängigkeit von einer bestimmten Sprache hat unsere Expansion gefördert."

Gegendarstellung: Sie finden diese auf den letzten Seiten im Archiv unter der Registrier-Nummer 0111.

Projekt   **Auf Sand gebaut**

Das sich abzeichnende Ende der sprudelnden Einnahmen aus dem Erdölexport hat in Saudi-Arabien seit Jahren eine neue wirtschaftliche Betriebsamkeit zur Folge. Ziel ist es, die Wirtschaft des Landes zu diversifizieren und Ideen zu verwirklichen, um durch neue Angebote Einnahmen zu generieren. In diesem Zusammenhang ist das Projekt „Golf on Carpet" entstanden, das jetzt im Landesinneren in der Nähe der Stadt Al Sijada entsteht. Ein kompletter Golfplatz mitten in einer Sandwüste, dessen Fairways und Grüns sämtlich aus Teppichen bestehen, die über dem Sand ausgelegt werden. Insgesamt sind dafür neun Kilometer Teppich in einer Breite von durchschnittlich 80 Metern notwendig. „Wir sind insbesondere stolz darauf, einen ökologischen Golfplatz anbieten zu können, schließlich kommen wir praktisch ganz ohne Bewässerung aus, was in dieser trockenen Gegend von besonderer Bedeutung ist", verkündet dazu die Website des "Golf on Carpet"-Projekts.

Jeans   **Made in San Francisco**

Eines der Markenzeichen uramerikanischer Kultur sind neben Cowboy-Hüten die früher einmal „Cowboy-„ oder „Nietenhosen" genannten Blue Jeans. Auf die Idee, schweren Stoff, der ansonsten nur für Zelte und Wagenplanen verwendet wurde, zu Hosen zu schneidern und die reißgefährdeten Stellen mit Nieten zu sichern, kam bekanntermaßen als Erster der aus Deutschland eingewanderte Levi Strauss in San Francisco, der mit diesem

Patent die Goldgräber der damaligen Zeit beglückte. Von der Haltbarkeit seiner Erfindung zeugt ein vor ein paar Jahren im Wüstenstaub Nevadas gefundenes Exemplar, die sogenannten „Nevada-Jeans", die dort seit den 1880er-Jahren alle Wüstenstürme unbeschadet überstanden hatten und heute im Levi-Strauss-Museum in San Francisco ausgestellt werden. Unverwüstlich eben, diese Jeans!

Waffentechnik   **Mit Kartoffeln gegen Tiefflieger?**

Sogenannte Kartoffelkanonen sind Geschütze geringer Reichweite, die – ähnlich einem „Luftgewehr" — mit Luftdruck oder Dampfhochdruck Projektile in die Höhe schleudern können. Verwendet werden sie hauptsächlich von Hobbyschützen, die damit zum Beispiel Kartoffeln durch die Lüfte feuern.

Im Jahre 1940 genehmigte Winston Churchill den Einsatz solcher Geräte als Flugabwehrkanonen im 2. Weltkrieg. Sie überzeugten vor allem durch ihren geringen Preis und leichte Anwendbarkeit. Die meisten dieser Waffen wurden auf Handelsschiffen installiert und waren vor allem zur Abwehr von Tieffliegerangriffen gedacht. Die Firma Holman aus Cornwall entwickelte und produzierte in jenen Jahren mehrere solcher „Projektoren".

Gegendarstellung: Sie finden diese auf den letzten Seiten im Archiv unter der Registrier-Nummer 1723.

Fernsehen   **Rasanter Sport**

In dem Bemühen ihren Umsatz zu steigern, übertrug die taiwanesische Privat- Fernsehgesellschaft p-TNF zwei Jahre lang unbemerkt Live-Sportveranstaltungen in gekürzter Fassung. Bei Fußballspielen beispielsweise wurden die ersten 10-12 Sekunden des Spiels für einen zusätzlichen Werbespot genutzt. Anschließend wurde eine um diese Sekunden zeitversetzte Aufzeichnung in geringfügig überhöhter Abspielgeschwindigkeit als „Live"-Übertragung gesendet. Die Spiele wurden also, lange Zeit unbemerkt, „schneller" und die Übertragungen endeten pünktlich mit dem Halbzeitpfiff.

Vogelkunde   **Tierische Handys**

Wie Forscher herausgefunden haben, passen sich Stadtvögel mit ihrem Gesang der städtischen Umgebung an. So singen sie lauter und hochfrequentiger und nutzen eher ruhigere Nacht- und Frühmorgenstunden für ihren Gesang. Auch ist dieser vielfältiger geworden. Ornithologe Henrik B. berichtet von Staren und Amseln, die Weckertöne und Handyklingeltöne in ihr Repertoire aufgenommen haben. „Sie haben dadurch Vorteile bei der Partnersuche," erklärt B.

Weltkrieg   **Ein entscheidender Schlag**

Über die Entstehung des 1. Weltkrieges und damit über Fragen der Kriegsschuld haben Historiker vieler Länder lange diskutiert. Im Gegensatz dazu ist der Verlauf des Krieges, der im Wesentlichen aus einem festgefahrenen Stellungskrieg — aus den Schützengräben heraus geführt – bestand, weitgehend unstrittig beschrieben. „Unverständlicherweise wird bei den Darstellungen des Kriegsendes oft ein wichtiges Ereignis unterschlagen", so Henry M. Morton. Der amerikanische Historiker und Experte für Fragen rund um den 1. Weltkrieg glaubt, dass der durch eine amerikanische Spezialeinheit, der SF-Missile 61, aus der Nähe von Dijon ausgeführte Raketenangriff auf das Telekommunikationszentrum des deutschen Heeres mitentscheidend für die deutsche Kapitulation war: „In den vorliegenden Protokollen und Lageberichten lässt sich nachweisen, dass die darauf folgende Verwirrung auf der deutschen Seite eine geordnete Führung der Truppen unmöglich gemacht hatte. Das hat die Kapitulation der deutschen Seite wesentlich beschleunigt."

Gegendarstellung: Sie finden diese auf den letzten Seiten im Archiv unter der Registrier-Nummer 0620.

Tierrechte   **Ein Affentheater!**

Der Rechtsstreit hatte sich Jahre hingezogen, nun fand er in San Francisco ein vorläufiges Ende.

Um was ging es? Ein Makaken-Affe im indonesischen Urwald hatte sich die Kamera des Fotografen D. J. Slater geschnappt und ein – nebenbei bemerkt: äußerst gelungenes - Selfie von sich geschossen. Das Foto wurde berühmt und brachte aufgrund der weltweiten Verbreitung viel Geld ein. Nun stellte sich natürlich die Frage: Wer hat die Rechte an dem Foto? Slater gehörte die Kamera, aber das Foto hatte er nicht gemacht und Bildrechte stehen üblicherweise dem Fotografen und nicht dem Kamerabesitzer zu. Die Tierrechtsorganisation Peta schaltete sich also ein und forderte im Namen des Affen und der Gerechtigkeit die Honorare ein. Das Tier sei ein „Jemand" und nicht ein "Etwas" und habe damit Anspruch auf die Gelder.

Mit dieser Auffassung sind die Aktivisten ihrer Zeit voraus: Die Gesetze stellen Tiere (noch?) nicht den Menschen gleich, die Klage wurde abgewiesen. Aus diesem Grunde kam es auch nicht zu der Beantwortung einer kleinen, aber interessanten Frage, nämlich dieser: Bei welcher Bank hat ein Makake eigentlich sein Konto?

Handarbeit   **Auf links gestrickt**

In einer Kooperation mit der Universität Durban hat die südafrikanische Firma KnitFit die kognitive Verarbeitung der manuellen Motorik beim Stricken untersuchen lassen. Die Firma, die australische Rohwolle zu Strickgarnen für Europa und Nordamerika weiterverarbeitet, wollte herausfinden, warum sich Männer so schwer zum Stricken motivieren lassen. Man fand heraus, dass die übliche Maschenführung für das männliche Gehirn ungünstig angelegt ist. „Der Grund liegt in den anders strukturierten Gehirnhälften des Mannes", erläutert Professor Shepherd.

Die Ingenieure von KnitFit entwickelten daraufhin eine Maschenführung, die – grob erklärt — von links her aufgebaut ist und eine Windung weniger aufweist. In einem Versuch mit einigen Hundert im Stricken zuvor unerprobten südafrikanischen Männern wurde das Stricken von den Männern „erstaunlich schnell", so Shepherd, erlernt. 32 % der Probanden blieben dabei und stricken heute, ein halbes Jahr nach dem Versuch eigenen Angaben zufolge noch regelmäßig.

Astronomie   **Rum im All**

Wir machen es uns selten klar, aber wir sind nur ein ganz kleines Teilchen in der Weite des unendlichen Weltraums. Dieser erscheint uns – und er ist es – kalt, fern und bedrohlich.

Wie schön, wenn wir in diesem lebensfeindlichen Universum etwas Vertrautes entdecken können. Letzteres ist einigen amerikanischen und deutschen Wissenschaftlern gelungen. Weit über unser Planetensystem hinaus, in den Weiten unserer Galaxie, genauer gesagt in einer Gaswolke namens Sagittarius B2, haben sie Vertrautes entdeckt, nämlich ein Molekül, dessen Bezeichnung Ethylformiat den meisten unserer Leser nichts sagen wird, das uns aber trotzdem vertraut ist: Immer wenn wir Himbeeren essen oder Rum trinken begegnet uns dieses Molekül.

Gibt es dort oben etwa einen Himbeereisliebhaber? …oder einen Rumtrinker?

Gegendarstellung: Sie finden diese auf den letzten Seiten im Archiv unter der Registrier-Nummer 1188.

Idole   **Jonkvrouw Edda**

Leinwandidole sind im wirklichen Leben nicht immer Vorbilder. Aber wenn es eine gibt, für die dieses Vorurteil nicht zutrifft, dann ist es Audrey Hepburn.

Audrey Hepburns Jugend war abenteuerlicher als jeder Hollywoodstreifen. Sie war Enkelin eines adeligen Gouverneurs von Surinam, ihre holländische Mutter war eine Baroness und eigentlich hätte ihr der Adelstitel Jongvrouw zugestanden und man hätte sie mit „Hochwohlgeboren" ansprechen müssen. Dass sie auch ohne diesen Titel von echtem, von größerem menschlichen Adel war, hat sie in ihrem Leben als Philanthropin oft bewiesen, das erste Mal schon als Teenager im Alter von 15 Jahren. Im Hungerwinter 1944/45 lebte sie im von den Nazis besetzten Brüssel und nannte sich, um ihre – väterlicherseits — britische Abstammung zu verheimlichen, Edda anstatt Audrey. Die halbverhungerte Edda schloss sich der Resistance an, verdiente Geld zur Unterstützung der Widerstandskämpfer und besorgte Kurierdienste zwischen den verschiedenen Untergrund-Gruppen. Wahrlich ein Idol und das nicht nur im Film!

Animismus   **Abschreckende Namen**

Der Schutz vor bösen Geistern spielt im Naturglauben vieler Völker eine zentrale Rolle. Vor allem auf neugeborene Kinder hatten es die Geister abgesehen, weswegen hier besonderer Einfallsreichtum der Eltern geboten war. Die Turkvölker Zentralasiens überlisteten die Geister, indem sie ihnen vorgaukelten, dass sich ihre Kinder aufgrund ihrer

Minderwertigkeit nicht als Beute lohnen: In einer „Verkaufszeremonie" taten sie, als ob sie ihre Kinder um jeden Preis loswerden wollten. Das Kind trug dann passend den Namen Sotiboldi — Verkauft. Die Geschwister von Verkauft konnten dann beispielsweise Sarimsoq – Knoblauch – oder Topiboldi – Gefunden — heißen. Und die kleine Schwester von Verkauft, Knoblauch und Gefunden hieß zum Beispiel Tasqara – Hässlich. Auch der Name Itolmas lockt die bösen Geister nicht an. Er bedeutet „Der-Hund-nimmt-nicht."

Ozeane   **Heilsame Flut**

Alle Jahre wieder erfasst die Somali, die sich das leisten können, ganz plötzlich das Reisefieber und sie brechen auf in eine kleine, gut 100 km nördlich von Arin Diir gelegene Meeresbucht. Die Bucht trägt den Namen Hirar Qurux Badan, was soviel wie „Schöne Flut" heißt. Der Grund des Ansturmes ist ein Naturphänomen, das nur in dieser Bucht und nur in unregelmäßigen Abständen von ca. zwei Jahren auftritt. Das Wasser des Indischen Ozeans nimmt für drei bis vier Tage eine rosa Färbung an und steigt trotz Windstille höher als die reguläre Flut. Grund ist eine Kombination aus Gestirnkonstellationen und Tiefwasser-Plankton-Strömungen. Doch die Somali kommen nicht nur wegen des märchenhaften Schimmers des Wassers. Zu Tausenden baden sie in der engen Bucht, denn der „Schönen Flut" werden heilkräftige und aphrodisische Wirkungen zugesprochen.

Gegendarstellung: Sie finden diese auf den letzten Seiten im Archiv unter der Registrier-Nummer 0312.

Würste   **Alles hat ein Ende…**

…nur die Wurst hat zwei. Bisher eine unumstößliche Wahrheit, doch jetzt hat ein Berliner Ingenieur eine Wurst mit drei Enden erfunden. Für diese Bratwurst werden zwei Därme in einem speziellen Heißschmelz Verfahren optisch unsichtbar und nahtlos aneinandergeschweißt. Vorläufiger Produktname: „Flotter Dreier". Je nach Lage auf dem Teller können die Würste ein M, ein W oder ein E oder auch eine 3 bilden und somit Namensinitialen darstellen. Weitere „Buchstabenwürste" – als nächstes soll eine Wurst ganz ohne Ende, ein nahtloses O entstehen – sind in Planung.

Na dann, guten Appetit!

Wien   **Gruften zur Auswahl**

Wer in Wien die Gräber der österreichischen Kaiser besuchen will, hat ein große Anzahl von Grabstätten zur Auswahl. Es gibt nämlich deutlich mehr Gruften, als es Kaiser gab. Das liegt daran, dass viele Verstorbene des Hauses Habsburg nach ihrem Tode seziert und ihre Körperteile getrennt bestattet wurden. Viele Habsburger verteilen sich sogar auf drei verschiedene Begräbnisstätten. Außer ihrem Herz sind auch ihre Eingeweide getrennt vom Rest des Körpers zur ewigen Ruhe gebettet worden.

US Navy   **Präsidialer Spezialauftrag**

Kurz vor dem amerikanischen Präsidentschaftswahlkampf 1944, in dem er sich zur Wiederwohl stellen wollte, absolvierte der amtierende Präsident Roosevelt eine Truppeninspektionsreise durch den Pazifik. Begleitet wurde er wie immer von seinem treuen Scotch Terrier Fala.

Fala war ein prominenter Hund, er trat oft an der Seite des Präsidenten im Fernsehen auf. Jahre später wird er als bis heute einziges Haustier des Weißen Hauses in Washington mit einer Skulptur geehrt werden.

1944 aber passierte ein Missgeschick: Bei der Abreise des Präsidenten wurde Fala auf den Aleuten vergessen. Es spricht für die Liebe des Präsidenten zu dem Tier, dass er keine Kosten und Schlagzeilen scheute, um den Hund nachzuholen. Ein Zerstörer der US Navy musste also auslaufen und den tausend Meilen entfernt einsam zurückgebliebenen Tala nach Hause holen. Was dem Präsidenten im Wahlkampf allerdings wegen der damit verbundenen hohen Kosten negative Schlagzeilen einbrachte.

Gegendarstellung: Sie finden diese auf den letzten Seiten im Archiv unter der Registrier-Nummer 1014.

Musik   **Vicky Leandros über Japan**

Die „5-Uhr-Glocke" („goji no chaimu") ist eine feste Größe im japanischen Tagesablauf. Jeden Morgen, jeden Mittag und jeden Abend, meist Punkt 17 Uhr, ertönt aus einem über das ganze Land verbreiteten Netzwerk von Lautsprechern Musik. Gerne erklären die Japaner dem erstaunten Ausländer, dass die 17-Uhr-Version den Kindern des Landes anzeigt, dass es Zeit ist, vom Spielen nach Hause zu gehen. Tatsächlich ist die „Glocke" aber ein Teil des japanischen Katastrophen-Warnsystems

Täglich erklingt so auch in vielen Städten Japans dreimal am Tage Vicky Leandros´ Hit „L´amour est bleu" in einer Instrumentalversion aus öffentlichen Lautsprechern. Mit diesem Titel (auf Deutsch „Blau wie das Meer") trat die deutsch-griechische Sängerin 1964 für Luxemburg beim Eurovision Song Contest an. Selbstverständlich zahlt die zuständige Behörde für jede Lautsprecher- Aufführung auch die vorgeschriebenen GEMA- Gebühren.

Königlich   **Seine Majestät der Pudel**

Der frühere Kronprinz und derzeitige König von Thailand ist ein tierliebender Mann. Diese Liebe bekam sein Pudel Fufu zeitlebens zu spüren. Fufu war seit 2007 Teil des königlichen Hofes und brachte es dort bis zum Rang eines Luftwaffengenerals. Er nahm in Abendgarderobe oder in schicker   Uniform   mit   passenden   Schühchen an diplomatischen Empfängen teil, wo er auf den Tischen herumlief und dem US- Botschafter die Wassergläser leer soff. Sein Geburtstag wurde mit einer Torte gefeiert, die ihm die Frau des Kronprinzen – einmal sogar medienwirksam obenohne – servierte. Nach seinem Tode wurde Fufu in einer feierlichen Zeremonie, die über mehrere Tage ging, kremiert.

Wem diese Tierliebe zu weit geht, sei vor abfälligen Äußerungen gewarnt: Majestätsbeleidigung wird in Thailand streng bestraft.

Entwicklungshilfe   **Premjer Liga**

Wie erst 2019 aus dem Umfeld des russischen Fußballverbandes durchsickerte, wurden im Vorfeld der Weltmeisterschaft 2018 Gespräche über einen Wechsel des Premier League Klubs Manchester United in die russische Liga geführt. Ab 2016 sollte die Mannschaft für zunächst zwei Jahre ihre Ligaspiele statt gegen Liverpool, Chelsea und Arsenal gegen die Teams aus Moskau, St. Petersburg, Rostow und Sochi bestreiten. Durch diese Maßnahme, so der Plan, sollte einerseits Werbung für die WM gemacht werden, andererseits wollte man den russischen Fußball durch die Konkurrenz an das „Weltklasse-Niveau" heranführen. Der Präsident der russischen Premjer Liga soll dabei an den Patriotismus des russischen Besitzers von ManU appelliert haben.

Gegendarstellung: Sie finden diese auf den letzten Seiten im Archiv unter der Registrier-Nummer 0017.

U-Frachter   **Ein vergessenes Stück Seefahrt**

Seit Jahrtausenden wird über die Meere der Welt Handel getrieben. Ein vergessenes Kapitel des Überseehandels spielte sich aber unterhalb der Wasseroberfläche ab. 1916 belieferte ein Handels-U-Boot von Deutschland aus die USA mit Chemikalien, auf der Rückfahrt brachte es aus Nordamerika unter anderem Kautschuk und verschiedene Metalle zurück nach Europa.

Der Bau des Unterseefrachters war notwendig geworden, weil die deutschen Küsten während des 1. Weltkrieges unter einer Seeblockade Großbritanniens litten. Der U-Frachter, der 1000 Tonnen Fracht transportieren konnte, ging vor den britischen Kriegsschiffen auf Tauchfahrt und passierte sie in der Tiefe unbemerkt.

Gesichter   **Identität aus Plastik**

Die „kleine Tiger" genannten Länder Asiens nutzen ihr in den letzten Jahrzehnten erworbenes Know-How im Bereich der Elektronik und Digitalisierung zunehmend für Forschungen im medizintechnischen Bereich. Jüngst wurden Erfolge im Bereich der plastischen Chirurgie gemeldet. Ein Forscherteam rund um den renommierten Gesichtschirurgen Pak il Jung an der Universität Seoul entwickelte eine viskose Substanz, die in 3-D-Druckern zu plastischen Ersatzteilen, die vom Körper nicht abgestoßen werden, geformt werden können.

In einem Bericht an die Fakultätsleitung wird in Aussicht gestellt, innerhalb der nächsten zwei Jahre ganze Gesichter nach den Vorstellungen der Patienten digital am Computer zu erstellen und diese beim Austausch ihrer „geburtlichen Gesichtszüge" zu verwenden. Hauptzielgruppe seien Menschen, die mit ihrer „geburtlichen Identität" unzufrieden seien und diese gerne verändern würden. Das amtliche Zivilregister in Seoul meldete aber bereits Bedenken an. Dort befürchtet man Scharen von nicht mehr unterscheidbaren Brad Pitts und Jennifer Lopez.

Neuheit   **Wer macht denn sowas?**

Gesetzliche Regelungen sind für den gesunden Menschenverstand manchmal nicht leicht nachzuvollziehen, aber offensichtlich dennoch notwendig.

In Memphis, Tennessee, zum Beispiel — wie auch in anderen Städten der USA — dürfen Hühner nicht die Straße überqueren, um auf der anderen Seite nach Fressbarem zu scharren. Das ist gesetzlich so geregelt. Wir vermuten aus Sorge um Leib und Leben des Federviehs. Wir schließen das auch daraus, dass der tierliebende Gesetzgeber aus Memphis auch ausdrücklich verboten hat, Küken zu färben und als Scherzartikel oder Mitbringsel zu verkaufen.

<u>Gegendarstellung</u>: Sie finden diese auf den letzten Seiten im Archiv unter der Registrier-Nummer 1843.

Tiermedizin **Para-Pferderennen**

Für Pferdefreunde – und nicht zuletzt die Pferde selbst – ist der Hengst mit dem treffenden Namen „Substitute" ein Hoffnungsträger. Kam für ein Pferd ein gebrochenes Bein früher einem Todesurteil gleich, so sieht die Tiermedizin heute unter bestimmten Bedingungen gute Heilungschancen. Substitute aber prescht noch weiter voraus: Als eines der ersten Pferde überhaupt erhielt das Tier eine Huf-Prothese, nachdem ihm der untere Teil des rechten Vorderbeins nach einem Trümmerbruch amputiert werden musste. Für Substitutes Besitzerin, die Tochter eines Multimillionärs aus Djakarta, erfüllte sich damit im Jahr 2016 ein schon verloren geglaubter Traum: Dank guter Beziehungen zum renommierten Hong Kong Jockey Club durfte der Vierjährige dort an einem Galopprennen teilnehmen. Dazu muss man wissen, dass das Pferd eigentlich nur auf den drei gesunden Beinen läuft, der Vorderlauf mit der Prothese dient nur dem Abstützen und dem Erhalt des Gleichgewichts, wodurch der Bewegungsablauf einem Hoppeln ähnelt. Substitute ließ bei dem Rennen immerhin einen Konkurrenten hinter sich und wurde Vorletzter. Und das mit nur drei Beinen und einem Kunsthuf …

Intimität **Koordinierungsbedarf**

Dem Weinstein-Skandal, der das Problem der sexuellen Übergriffe in der amerikanischen Filmindustrie ans Licht brachte, folgte die sogenannte Metoo-Bewegung, in der Frauen derartige Missstände offenlegen und sich zur Wehr setzen. Mit Metoo kam auch ein neuer Beruf ins Filmgeschäft: der Intim-Koordinator. Intimacy coordinators sprechen mit den Schauspielern in Einzelgesprächen ab, was diese als zumutbar empfinden und welche Praktiken für sie in Sexszenen nicht in Frage kommen. Die Koordinatoren choreografieren dann in Absprache mit dem Regisseur den Ablauf der Sexszenen. Gelegentlich, wenn die Positionen für die Darsteller zu akrobatisch oder zu anstrengend werden, arbeiten sie auch mit Stunt-Koordinatoren zusammen. Inzwischen hat sich die neue Berufsgruppe zum Verband der Intimacy Directors International (IDI) zusammengeschlossen.

Matriarchat   **Präsidentschaft im Unterrock...**

… so wurden die letzten Jahre der Amtszeit Woodrow Wilsons am Ende des 1. Weltkriegs genannt. Wilson war nach einem Schlaganfall bettlägerig, hatte teilweise Gedächtnisstörungen und konnte seinen Amtsgeschäften nicht nachkommen. Die Verfassung sah damals für diesen Fall noch keine klare Lösung vor und Vizepräsident Marschall weigerte sich (wie es heißt, aus Angst vor Attentaten), die präsidialen Pflichten zu übernehmen. Somit blieb die ganze Arbeit, wie in jedem Haushalt, mal wieder an den Frauen hängen. Obwohl sie nur zwei Jahre Schulbesuch vorzuweisen hatte, nahm Wilsons Frau Edith — Verfassung hin, Verfassung her — die Sache in die Hand und regelte mit Verstand, was zu regeln war: Versailler Vertrag, Stahlarbeiterstreiks, Korrespondenz. Alle Fäden liefen durch ihre Hand. Ob sie selbst daran auch einmal zog oder doch nur ausführte, was der Präsident vom Krankenbett aus vorgab, ist nicht ganz klar. Fest stand aber, dass in den 17 Monaten „ihrer" Präsidentschaft niemand im Weißen Haus an ihr vorbeikam.

Gegendarstellung: Sie finden diese auf den letzten Seiten im Archiv unter der Registrier-Nummer 0299.

Wasserdruck   **Endlich duschen!**

Probleme bereitete den Bewohnern der oft in großer Höhe gelegenen Einzelhöfe der Schweizer Alpen schon immer der mangelnde Wasserdruck in ihren Sanitär-Installationen. Hinzu kam die Schwierigkeit, dass ein Brunnen wegen des felsigen Untergrunds nur selten eine Alternative darstellte. Ein neues Patent des Zürcher Erfinderbüros Welschle sorgt nun für Abhilfe – zumindest beim Duschen. Für 89,- CHF können sich die Betroffenen eine kleine elektrische Nachrüstpumpe zur Druckverstärkung in ihre Duschköpfe einbauen. Wo es bisher aus den Duschen nur tröpfelte, ergießt sich nun ein satter Wasserstrahl auf die Schweizer Bergbauern.

Meisterschaft   **Hart umkämpft**

Der härteste Kampf zweier Mannschaften um einen nationalen Meistertitel im Fußball lieferten sich vermutlich 1922 die Mannschaften aus Hamburg und Nürnberg. Die erste Begegnung dauerte weit über drei Stunden und musste mangels Tageslichts abgebrochen werden, obwohl es beim Spielstand von 2:2 noch keinen Sieger gab. Das Wiederholungsspiel endete nach 90 Minuten wiederum unentschieden. Statt der entscheidenden Tore fielen die Spieler: Nürnberg hatte die reguläre Spielzeit noch mit neun statt der üblichen elf Spieler beendet, in der Verlängerung kam ein Platzverweis hinzu und in einer Spielpause wurde ein weiterer Spieler als Verletzungsausfall gemeldet, sodass den elf Hamburgern nur noch sieben Nürnberger gegenübergestanden hätten. Da eine Mannschaft für ein regelgerechtes Spiel mindestens acht Spieler auf das Feld bringen muss, pfiff der Schiedsrichter das Spiel ab und

Hamburg wäre deutscher Meister gewesen, wenn es dabei geblieben wäre. Tatsächlich ging das Endspiel nach einem Einspruch der Nürnberger am grünen Tisch weiter. Zwar wurden die Hamburger dort Monate später als Meister bestätigt, verzichteten dann aber aus ungeklärten Gründen – es soll auf Druck des Verbandes hin geschehen sein – auf den Titel, sodass die deutsche Fußballmeisterschaft 1922 bis heute nicht wirklich entschieden ist.

Bankwesen **Revolutionär und Nationalbankpräsident**

Was ein richtiger Revolutionär ist, der traut sich alles zu. Als Fidel Castro Ende 1959 nach der Machtübernahme in Kuba wichtige Posten neu zu besetzen hatte, fragte er in einer Nachtsitzung seine Revolutionäre, wer von ihnen „un buen economista"', ein guter Ökonom, sei. Zur Überraschung aller Anwesenden meldete sich Che Guevara, der von Beruf Arzt war und der den Ruf hatte, mit Geld nicht umgehen zu können, ja der Geld verachtete. Doch gemeldet war gemeldet und so wurde Che Guevara in dieser Nachtsitzung Präsident der kubanischen Nationalbank. Eigentlich war Ches Wortmeldung, wie sich herausstellte, ein Missverständnis: Che war zu dieser fortgeschrittenen Stunde kurz eingenickert und hatte statt ‚economista' ‚communista', also Kommunist, verstanden. Und da sich sonst niemand meldete, übernahm er später „in Ausübung seiner revolutionären Pflicht", wie er sagte, die Aufgaben des Finanzministers gleich mit. Wie gesagt: Dem Revolutionär ist nichts zu schwär!

Gegendarstellung: Sie finden diese auf den letzten Seiten im Archiv unter der Registrier-Nummer 1109.

Erpressung   **Fliegendes Tatwerkzeug**

Im Frankfurter Kriminalmuseum befindet sich eine ausgestopfte Taube. Als sie noch lebte, hieß sie Charly und war in einem Erpressungsfall, der ganz Deutschland in Atem hielt, ein Tatwerkzeug. Der Erpresser Alexandru N. vergiftete zwei Jahre lang in Supermärkten mit Blausäure Lebensmittel eines großen Nahrungsmittel-Konzerns, von dem er Diamanten im Wert von 25 Mill. DM erpressen wollte. Die Übergabe sollte per Brieftaube erfolgen. Deren Käfig hatte A. zuvor auf einer Autobahn-Raststätte abgestellt. Charly trug an Bändern um die Füße kleine, selbstgenähte Beutel für die Diamanten. Was A. übersehen hatte, war, dass man in den Beuteln auch kleine Peilsender unterbringen konnte. Genau das tat die Polizei denn auch. So kam es, dass Charly statt mit Diamanten mit der Polizei im Gefolge in A.'s Garten eintraf.

Helgoland   **Schlechter Tausch**

Die deutsche Insel Helgoland in der Nordsee, die 1807 im Zuge des Streits um die Kontinentalblockade Napoleons von England annektiert worden und zur "Kronkolonie" des Britischen Reiches ernannt worden war, wurde 1890 dem Deutschen Reich zurückgegeben. Dies war möglich, weil der deutsche Kaiser Wilhelm II. Helgoland — eigentlich nur ein Felsen und eine Düne — gegen die damals deutsche Kolonie Sansibar im Indischen Ozean ausgetauscht hatte. Sansibar war zu dieser Zeit eine recht kostbare Gewürzinsel.

EU   **Europa Blanko**

Der Unterzeichnung der EWG-Gründungsverträge, dem Markstein der europäischen Einigung, am 25. März 1957 durch die Regierungschefs Frankreichs, Italiens, Deutschlands und der Benelux-Staaten in Rom gingen hektische Tage voraus: In Brüssel wurden bis zuletzt Änderungswünsche eingearbeitet, bevor ein Güterzug die Papiere nach Rom beförderte. An der Schweizer Grenze wurde den begleitenden Beamten nicht gestattet, in dem Güterwaggon das Land zu durchqueren und in Mailand war dann der Waggon zunächst nicht wieder aufzufinden. Mit Verspätung in Rom angekommen wurden die Texte weiter geändert, ins Reine geschrieben, ausgedruckt.

Doch das wahre Verhängnis rückte in Gestalt der abendlichen Putzkolonne an, die den ganzen auf Fußboden und Tischen umherfliegenden Wust an Papieren kurzerhand entsorgte. Um den Schaden wieder gutzumachen, wurden am nächsten Tag einige Studenten zur Unterstützung eingestellt. Diese traten aber nach kurzer Zeit in den Streik.

Das Ende vom Lied und der Anfang des vereinten Europa: De Gaulle, Adenauer und Co unterschrieben am 25. März einen Haufen unbedruckter Blätter – nur die erste und die letzte Seite des umfangreichen Vertragswerkes war noch rechtzeitig fertig geworden. Dazwischen: alles nur blanko - aber offenbar auch viel Vertrauen!

<u>Gegendarstellung</u>: Sie finden diese auf den letzten Seiten im Archiv unter der Registrier-Nummer 1811.

Joint Venture   **Canadian Highlife**

Wie die Nachrichtenagentur News Press im März 2019 meldete, haben das kanadische Cannabis-Import-Unternehmen CanCan S.A. und die Eisenbahngesell-schaft CanTrak eine Kooperation vereinbart. In den Langstreckenzügen von CanTrak werden durch CanCan S.A. in Zukunft Automaten mit Haschisch–Drops aufgestellt. Das Geschäft hat ein zu erwartendes Volumen von 27 Mill. kanadischen Dollar per annum. Die angebotenen Drops sollen zu Beginn nur eine schwach berauschende Wirkung haben. „Wir wollen unsere Fahrgäste zunächst an das Produkt heranführen. Eine Änderung der Dosierung ist aber geplant," hieß es seitens CanTrak.

Die Kooperation geht auf eine Studie zurück, mit der CanTrak mögliche Lösungen für das Problem des steigenden Vandalismus in den Zügen prüfen ließ. Cannabis hat eine entspannende und sedierende Wirkung und ist besonders für die Problemgruppe der jüngeren Männer eine attraktive Droge. Man wolle aber durch die Kooperation auch unter älteren Menschen neue Kundenkreise erschließen.

Waldbrand   **Heiße Fortpflanzung**

Wald- und Buschfeuer sind im Zuge des Klimawandels auf der ganzen Welt eine immer häufigere Erscheinung. Sie vernichten auf großen Flächen alles Leben. Alles? Nein, die größte Pflanze der Welt steht buchstäblich darüber. Wenn an ihrem Fuß die Flammen züngeln und die Hitze zu ihr in die über 100 Meter hoch aufragende Krone steigt, dann ist für die

Sequoia, den Mammutbaum, die Stunde der Fortpflanzung gekommen und sie lässt ihre Samen in die heiße und fruchtbare Asche fallen. Dort können die kleinen Mammuts sich ungestört von pflanzlichen Konkurrenten entfalten. Sie schießen als eine der am schnellsten wachsenden Pflanzen in die Höhe – Das ist auch notwendig: Wenn das nächste Feuer kommt, müssen sie schon die anderen Bäume überragen.

Sportwagen   **30 Stundenkilometer sind genug**

Autohersteller exportieren ihre Produkte heutzutage weltweit. Die Autos werden dazu in extra ausgestatteten Schiffen, die Car Carriers heißen und riesigen Parkhäusern gleichen, um den Globus geschippert. Eisenbahnzüge bringen die Autos von den Produktionsstätten an die Häfen. Dort werden sie von Fahrern auf die Carrier gefahren. Diese Fahrten zwischen Zug und Zwischenparkplatz und Schiff können schon mal einige Kilometer lang sein.

Vor allem Sportwagenhersteller fürchten offenbar, dass – sei es aufgrund des Zeitdrucks bei der Verladung, sei es, weil ihre Autos den Fahrer zur Raserei verführen – ihre Autos bei diesen Fahrten wegen zu schnellen Fahrens beschädigt werden könnten. Einige haben deswegen eine Software eingebaut, die auf dem Weg von der Fabrik bis zur Übergabe an den Endkunden nur eine Höchstgeschwindigkeit von 30 km/h erlaubt. Diese Sperre wird erst bei Aushändigung an den Endkunden durch den Autohändler ausgeschaltet. Wie das geht? Ist ein Betriebsgeheimnis!

Gegendarstellung: Sie finden diese auf den letzten Seiten im Archiv unter der Registrier-Nummer 0500.

Tourismus   **Stadt in der Badewanne**

Beim städtischen Bauamt Venedigs wird seit Jahren ein gigantisches Sicherungsprojekt für die vom Untergang bedrohte Stadt geprüft. Wie Amtsleiter Luigi Brugnaro mitteilte, ist geplant, besonders bedrohte Stadtteile – unter anderem die Gegend um den Markusplatz, den Canale Grande, den Campanile und andere Sehenswürdigkeiten mit einer riesigen 2,6 Quadratkilometer großen Betonplatte im Untergrund abzusichern. Die Ränder der Platte würden gegen das Salzwasser der Adria abgeschottet und mit Süßwasser gefüllt, so dass sich die Stadt in einer Art Badewanne mit gleichbleibendem Wasserstand befinden wird. Die Wassertiefe darin würde dann nur noch konstant 95 cm betragen. Dies ist notwendig, weil eine vollbesetzte Gondel einen Tiefgang von 78 cm hat.

Gegen die Pläne haben sich mehrere große Kreuzfahrt-Reedereien ausgesprochen. Sie fordern, am Rande des ,Badewanne' genannten Beckens beim Canale Grande einen Anlegeplatz für ihre Schiffe mit einzuplanen.

Winter   **Neue Sportart**

Die Welt des Sports ist um eine Disziplin reicher: Unterwasser- Eishockey. Man nehme einen zugefrorenen See, stecke die Größe eines Wohnzimmers unter dem Eis ab und bastele sich einen Puck aus schwimmfähigem Material. Dann heißt es tief Luft holen und der eisig-feuchte Spaß beginnt.

Zwei Spieler pro Mannschaft – ohne Sauerstoffflaschen! – stemmen sich von unten kopfüber mit den Füßen gegen das Eis und versuchen mit ihren Schlägern den Puck, der durch den Auftrieb von unten an das Eis gedrückt wird, in das Tor des Gegners zu spielen. Das Tor hat original Überwasser-Maße und auch sonst ist alles wie bei Olympia, nur eben kopfüber und kälter und feuchter und – puh, erstmal Luft holen!

Kürzlich fand die erste Weltmeisterschaft statt, Österreich gewann den Titel.

Diva **Zwei unterschiedliche Talente**

Die Filmgöttin Hedy Lamarr, in Wien geborene Jüdin, besaß zwei völlig unterschiedliche Talente. Eins davon war sehr auffällig: Sie galt viele Jahre lang als die schönste Frau der Welt. Mit diesem Talent machte sie Karriere in Hollywood und – wie Klatschspalten zu berichten wussten – in diversen Betten. Ihre inneren Werte blieben vielen verborgen, aber in Hedy steckte ein unbändiger Erfinderinnengeist. Ihre wichtigste Erfindung war ein kabelloses Kommunikationssystem, das auf ständigen Frequenzwechseln beruht und dessen Prinzip heute noch in jedem Handy zum Einsatz kommt. Im 2. Weltkrieg sorgte es dafür, dass amerikanische Torpedos ferngesteuert werden konnten, ohne auf dem feindlichen Radar zu erscheinen.

Gegendarstellung: Sie finden diese auf den letzten Seiten im Archiv unter der Registrier-Nummer 0097.

Telepathie **Private Experimente**

Vor kurzem jährte sich zum 50. Mal die Landung von Apollo 14 auf dem Mond. Diese Mission war eine sehr wissenschaftlich geprägte Mission. So waren die Astronauten, unter ihnen der Pilot der Landefähre Edgar Mitchell, der einen Doktortitel in Luft- und Raumfahrt führte, umfangreich in Geologie ausgebildet worden. Die dreiköpfige Besatzung führte während des Fluges und auf dem Mond eine Vielzahl von Experimenten durch.

Mitchell experimentierte neben dem offiziellen Programm noch privat: Er sandte per Telepathie, also Gedankenübertragung, Nachrichten aus dem Weltraum an Bekannte auf der Erde. Erfolgreich, wie er sagte, ja er sprach nach seiner Rückkehr sogar von Erleuchtungen, die er gehabt habe. Folgerichtig kündigte er bald darauf bei der NASA und widmete sein weiteres Leben Ufos, Außerirdischen und ähnlichen esoterischen Themen.

Statistik **Beugt Bildung Kriminalität vor?**

Dass ein hoher Bildungsstand mit einer niedrigen Kriminalitätsrate einhergeht, wird überraschenderweise – zumindest wenn man die nackten Zahlen betrachtet – durch den Kirchenstaat, dessen Staatsoberhaupt der Papst ist, widerlegt. Innerhalb eines Jahres kam es zu fast 500 Strafverfahren und das bei knapp 500 Einwohnern, die meisten davon mit Studienabschluss. Im Vatikanstaat prallt so eine Alphabetisierungsrate von 100 % auf die höchste

Kriminalitätsrate eines Staates pro Einwohner, nämlich ein Strafverfahren pro Einwohner.

Brückenbau   **Gib Gas und hopp!**

In einigen abgelegenen Berglandschaften des australischen Outbacks hat sich eine in den 30er- Jahren des letzten Jahrhunderts entstandene verkehrstechnische Merkwürdigkeit erhalten. Auf speziellen Verkehrsschildern werden die Autofahrer auf einigen kleineren Pisten bei der Annäherung an eine Bachüberquerung aufgefordert auf 45 – 60 mph zu beschleunigen. Vor den Bächen ist ein schanzenförmig ansteigender Brückenkopf, dessen Steigung bewirkt, dass das Auto bei genannter Geschwindigkeit über den Bach hinweg"springt". Diese offenen Spalten in der Mitte der Überbrückungen sind notwendig, weil die Bäche sich ansonsten während der wiederkehrenden Starkregenfälle aufstauen, was in dem geologisch labilen Gelände zu Erdrutschen führen kann.

Gegendarstellung: Sie finden diese auf den letzten Seiten im Archiv unter der Registrier-Nummer 1051.

Kopfbedeckung   **Aus Guben in den Orient**

Der kleine Ort Guben an der Neiße an der deutsch-polnischen Grenze ist bekannt für seine Hutfabriken. Das bekannteste Hutmodell aus Guben war das Modell „Vigu", das der ehemalige DDR-Staatschef Honecker trug. Er trug diesen Hut bei seinen Staatsbesuchen in aller Welt — aus „Modell Vigu" wurde das inoffizielle Markenzeichen „Honecker Hut".

Weniger bekannt ist, dass die DDR auch Feze, die orientalischen Kappen mit Quasten, produzierte. Bereits 1920 war in Guben an der Neiße die „Union Fez Fabrik" gegründet worden. Diese bestand bis 1960. Während dieser 40 Jahre, also bis weit in die DDR- Zeit hinein, hatte diese Firma eine exotische Marktlücke für sich entdeckt und produzierte und exportierte ausschließlich Feze für den orientalischen Markt.

In diesem Marktsegment lieferte die DDR also das von der Partei so oft geforderte "Weltniveau".

Artistik   **Vom Pferd getreten**

Zirkusartisten arbeiten sehr oft im Grenzbereich menschlicher Möglichkeiten. Es macht die Magie ihrer Darbietungen aus, dass wir Zuschauer etwas sehen, das wir vorher nicht für möglich hielten. Wieviel Zeit, Schweiß, Schmerzen und Tränen aufgewendet werden, um diese Leistungen in jahrelanger täglicher Arbeit zu erarbeiten, ist uns dabei selten bewusst. Und wie viele Kunststücke erreichen nicht ihre Vollendung und scheitern kurz vor ihrer Premiere in der Manege?

Besonderes Pech hatte lt. der Fachzeitschrift „Tsirkovoy mir" der junge russische Artist Jewgenij Sotolow, der in der Lage war, einen aus 15 Metern Entfernung abgeschossenen spitzen Pfeil von seinem angespannten Brustmuskel abprallen lassen. Er kam im Jahre 1951 bei letzten Proben vor seinem ersten Auftritt im russischen Staatszirkus um: Der Pfeil prallte wie geplant von ihm ab, der so entstandene Querschläger aber traf ein neben ihm stehendes Pferd am Hinterbein und piekte dieses so sehr, dass es ausschlug und Solotow, der sich gerade bückte, um den Pfeil aufzuheben, so unglücklich mit dem Hinterhuf traf, dass dieser drei Tage später seinen Verletzungen erlag.

Regierung   **Kabinettsbildung verteidigt**

Der ghanaische Präsident Nana Akufo-Addo übernahm sein Amt im Januar 2017 und erregte gleich zu Beginn seiner Amtszeit Aufsehen durch seine Kabinettsbildung, bei der er insgesamt 110 Gefolgsleute zu Ministern ernannte. Akufo-Addo verteidigte diese ungewöhnlich hohe Zahl an Regierungsmitgliedern gegen Kritik. Das große Kabinett sei eine "notwendige Investition", sagte Akufo-Addo in einem TV-Interview. Die Minister würden für die "schnelle Veränderung" des Landes benötigt.

Gegendarstellung: Sie finden diese auf den letzten Seiten im Archiv unter der Registrier-Nummer 0463.

Wirbelstürme **Auf und davon**

Glück im Unglück hatte der 33 Jahre alte Familienvater Fred Gerstner aus Decatur, Illinois im März 2017. Er war im Garten hinter seinem Haus in seiner überdachten Hollywoodschaukel eingenickert und hatte nicht bemerkt, dass sich über ihm die Wetterlage änderte. Ein Tornado ergriff die Schaukel und hob sie in die Luft. Der Mann wachte auf und befand sich 30 Meter hoch über dem Erdboden. Mehrere Minuten lang klammerte er sich an die Schaukel, bis er anderthalb Meilen entfernt in einem See landete. Fred kam mit Prellungen davon und hatte am nächsten Tag bereits seinen Humor wiedergefunden: „Das nächste Mal probiere ich das mal mit einem Hurrikan," kündigte er vor Lokalreportern im „Decatur Daily" an.

Obstbau **Grüne Orangen**

Orangen sind sprichwörtlich orangefarben? Das muss nicht sein. Viele Orangen aus Gegenden mit speziellem Klima nehmen auch nach der Reifung nicht die typische Färbung an, sondern bleiben wie unreife Früchte grün. Voraussetzung für diese grünen Orangen sind durchgängig hohe Nachttemperaturen und eine hohe Luftfeuchtigkeit. Da aber nicht sein kann, was nicht sein darf und grüne Orangen beim Obsthändler einen schlechten Eindruck machen, werden grüne Orangen von den Herstellern in speziellen „Reifekammern" nachbehandelt und mit einem Gas „entgrünt". Dieses Verfahren ist nicht illegal, sondern erlaubt.

Um die Verwirrung komplett zu machen, werden die meisten Orangen, ob grün oder orangefarben, von Botanikern der Gruppe der „Blondorangen" zugeordnet. Da geht uns eine Idee durch den Kopf: Könnte man nicht, um den jeweiligen Verbrauchergeschmack noch zielgenauer zu treffen, ein Verfahren entwickeln, um aus „Blondorangen" „Brünett-orangen" zu machen?

Totenruhe   **Autonome Totengräber**

Bekanntlich hieß der Berliner Stadtteil Friedrichshain während der Jahre des Hitler-Regimes „Horst-Wessel-Stadt". Horst Wessel war eine dubiose Gestalt und Nazi. 1930 wurde er, vermutlich von Kommunisten, getötet und anschließend von den Nazis als „Märtyrer" stilisiert.

An diese Zeit wurden die Berliner im Jahre 2000 erinnert, als "Autonome Totengräber" nämlich bei Nacht und Nebel den Schädel des damaligen Bezirksnamen-Gebers auf dem St. Nikolai- Friedhof ausgruben und in der Spree versenkten.

Sie hatten allerdings an der falschen Stelle nämlich im Nachbargrab gebuddelt und den Schädel von Wessels Vater Ludwig Wessel, einem vormaligen Pfarrer der Berliner Nikolai- Gemeinde, erwischt. Irren ist eben doch menschlich!

Gegendarstellung: Sie finden diese auf den letzten Seiten im Archiv unter der Registrier-Nummer 0239.

Kanzlerin   **Nicht entmutigt!**

Angela Merkel ist unter den deutschen Bundeskanzlern nicht nur die einzige Frau, sondern sicher auch eine der erfolgreichsten Amtsinhaber überhaupt. Dafür wurde sie mehrmals von den Deutschen wiedergewählt.

Dabei fing ihre Karriere gar nicht so erfolgreich an. Als sich die protestantische Pfarrerstochter im Jahre 1971 auf ihrer Schule in Templin nahe Berlin um das Amt der Schülersprecherin bewarb, so berichtet ihr ehemaliger Mitschüler Günter Witzig, musste sie eine herbe Niederlage einstecken. Nur 14 Prozent der Stimmen entfielen auf sie, gerade mal Platz drei von vier Kandidaten und Einzug in die Stichwahl verpasst. Schülersprecher wurde damals übrigens ein Neffe des katholischen Pfarrers.

Gut für ihre spätere Partei, dass Frau Merkel sich durch diesen Misserfolg nicht entmutigen ließ!

Gesetze   **Illegaler Ringkampf**

Man kommt ja manchmal auf ausgefallene Ideen und manchmal sticht einen sogar der Hafer, wie der Volksmund sagt. So ist es auch nicht ausgeschlossen, dass irgendjemand, Sie oder ich zum Beispiel, auf die Idee kommen, uns einen Bären zu suchen und das Tier zu einem Ringkampf herauszufordern. Wäre ja möglich!

Falls Ihnen nach so einem Kräftemessen zumute ist, hier unser Rat: Tun Sie das überall, nur nicht in Louisiana! In

Louisiana ist es (übrigens in Paragraf 102 des entsprechenden Gesetzes) ausdrücklich untersagt, mit einem Bären zu ringen. Ein solches Verbrechen am Bär wird dort mit bis zu sechs Monaten Gefängnis bestraft. Vermutlich gilt diese Regelung nur für den Fall, dass Sie den Kampf überleben.

Fairplay   **Der Todesstoß**

Die Entwicklung des Fußballs von seinem Beginn im 19. Jahrhundert hin zu dem Volkssport, wie wir ihn heute kennen, lässt sich an den vielen Veränderungen innerhalb des Regelwerks ablesen. Zu Beginn spielte man Fußball fast ausschließlich an vornehmen Privatschulen, an denen aus den Zöglingen zukünftige Gentlemen gemacht werden sollten. Grobe Fouls kamen in dieser Gedankenwelt nicht vor, Fairplay war, so dachte man, eine Selbstverständlichkeit. Fast logisch, dass die Sanktionierungen im Regelwerk einen nachrangigen Platz einnahmen. So war in den ursprünglichen Regeln überraschenderweise kein Elfmeter vorgesehen. Als dann jedoch mit der weiteren zahlenmäßigen und gesellschaftlichen Verbreitung des Sports die unfaire Realität über den Fußball hereinbrach, mussten die Sanktionierungen verfeinert werden – und das machte man gleich sehr martialisch: Der 1891 neu eingeführte Elfmeter erhielt die Bezeichnung „Kick of Death" – der Todesstoß.

Gegendarstellung: Sie finden diese auf den letzten Seiten im Archiv unter der Registrier-Nummer 1231.

Börse   **Der Dax, ein Knutschindex?**

Im deutschen Aktienindex „Dax" sind die vierzig (früher dreißig) bedeutendsten deutschen Aktiengesellschaften aufgeführt. Sein Steigen und Fallen gibt werktäglich in den Nachrichten einen ersten Einblick in die wirtschaftliche Entwicklung des Landes.

Als die Liste der Unternehmen vor über 30 Jahren zusammengestellt wurde, stellte sich die Frage nach einer griffigen Bezeichnung für den neuen Index. Man kam auf die Idee, die Bezeichnung „Kursinformationssystem der Deutschen Börse" abzukürzen zu KISS. Als die britische Presse begann, sich über diesen Knutschindex lustig zu machen, sah man von der Bezeichnung ab.

Schule   **Mit Biss**

Zu einem ungewöhnlichen, höchst unpädagogischen Vorfall kam es laut „Le Midi" im Jahre 2018 an einer Mittelschule im französischen Congues. Der Lehrer Monsieur M. unterrichtete Biologie und schritt gerade durch die Tischreihen, als einige Schüler den Finger hoben, um sich auf eine Frage hin zu melden. M. sagte später vor Gericht, er wisse auch nicht "was über ihn gekommen sei", jedenfalls biss er ohne jeglichen Anlass und Vorwarnung in den hochgereckten Finger des Schülers Antoine S. und trennte diesen oberhalb des 2. Fingergliedes glatt durch. „Wie ein Wolf" habe er zugeschlagen, berichteten Schüler später. M.'s Verteidiger führte vor Gericht aus, „es habe sich offensichtlich um einen archaischen Reflex" gehandelt, der nicht der „zivilisatorischen Impulskontrolle" unterliege.

M. wurde ganz zivilisiert zur Zahlung einer Geldstrafe und einem Schmerzensgeld verurteilt. Außerdem sprach ihm das Erziehungsministerium eine förmliche Rüge „wegen ungebührlichen Verhaltens" aus.

Ho Tschi Minh   **Vorbild Amerika**

In den 60er- und 70er-Jahren des vergangenen Jahrhunderts führten die Vietnamesen unter der Führung Ho Tschi Minhs einen erbittert geführten Befreiungskrieg gegen die USA, die weite Teile Vietnams besetzt hatten. Dieser Krieg endete 1975 mit dem Sieg der Vietnamesen und dem Abzug der Amerikaner aus Vietnam.

Nur dreißig Jahre zuvor, im September 1945, hatte Ho Tschi Minh in einer Rede an seine Landsleute die Unabhängigkeit Vietnams von den französischen Kolonialherren und japanischen Besatzern erklärt. Bemerkenswert ist, dass er die Rede mit einem Zitat aus der amerikanischen Unabhängigkeitserklärung begann: „Wir sind der Ansicht, dass alle Menschen gleich geschaffen sind; dass sie von Geburt einige unverbrüchliche Rechte mitbringen, darunter das Recht auf Leben, Freiheit und Glück." Dieses Zitat bezeichnete er als „unsterbliche Worte".

Gegendarstellung: Sie finden diese auf den letzten Seiten im Archiv unter der Registrier-Nummer 0657.

Technik   **Zum Kotzen**

Ein ganz neuartiges Sicherungssystem für ihre Fahrräder haben Daniel I. und sein Freund Yves in Kalifornien erfunden. In das metallene Schloss wurde ein Hohlraum eingelassen, in den die jungen Kalifornier ein übel nach Erbrochenem riechendes Druckgas pressen. Versucht der Fahrraddieb das Schloss zu knacken, beschädigt er unweigerlich die Druckkammer und das Gas entweicht. Dieses stinkt so mörderisch, dass es jeden, der sich in der Nähe aufhält, in die Flucht schlägt.

Weltbild   **Die Welt ist eine Scheibe**

Dass die Frage „Fake oder News" eine lange Tradition hat, zeigt eine Stelle aus den Schriften Herodots von Halikarnassos, eines griechischen Geschichtsschreibers der antiken Welt. Dort berichtet er von den „Breaking news", wonach eine mit Phöniziern bemannte ägyptische Flotte auf Befehl des Königs Necho II. südlich um Afrika herumgesegelt sei – eine Leistung, die gesichert erst Vasco da Gama rund 2000 Jahre später vollbrachte (und mit der dieser den lang ersehnten Seeweg nach Indien eröffnete).

Wie sollten Herodot und seine Zeitgenossen den Wahrheitsgehalt dieser Behauptung einschätzen? Bei genauem Hinsehen entdeckte er eine Stelle in dem Reisebericht, die eine offensichtliche Unmöglichkeit enthielt:

Die Seefahrer berichteten, dass an der Südspitze Afrikas, die sie von Ost nach West umrundeten, die Sonne rechts von ihnen gestanden habe. Da die Welt aber eine Scheibe ist, um die sich die Sonne dreht, konnte das nicht stimmen. Demnach war dieser Bericht für Herodot offensichtlich falsch!

Manchmal muss man eben entdecken, dass die Welt rund ist, und die eigene Weltanschauung hinterfragen, um der Wahrheit auf die Spur zu kommen.

Talent   **Nie mehr bücken!**

Got-Talent-Shows haben sich seit Jahren über die Bildschirme der Welt verbreitet und haben inzwischen vermutlich Tausende von sogenannten Superstars hervorgebracht. Als ungewöhnlichster Preisträger kann sich aber wohl der junge Maori Piripi Skipworth bezeichnen lassen, der 2016 in Neuseeland nur knapp geschlagen Dritter wurde. Er war in der Lage, sich an beiden Füßen die Schnürsenkel ohne Zuhilfenahme der Hände und ohne sich zu bücken zu binden. Er führte dazu aus den verschiedensten Körperlagen heraus schwunghafte Fußbewegungen aus, bis sich zunächst ein Knoten und dann die Schleife gebildet hatte. Sein Preisgeld: 16.000 Dollar.

Gegendarstellung: Sie finden diese auf den letzten Seiten im Archiv unter der Registrier-Nummer 0015.

Jagdwesen   **21. Europameisterschaft im Hirschrufen**

Ein Ungar war bei den letztjährigen Europameisterschaften in Weißrussland der beste Hirschrufer.

In sechs Disziplinen ahmten die Teilnehmer aus 13 Ländern mithilfe selbst gebastelter Instrumente das Röhren eines Hirsches nach: „Röhren nach dem Kampf", „Röhren vor der Paarung" sind zwei dieser Disziplinen.

Die Europameisterschaft fand bereits zum 21. Mal statt. Das Hirschrufen gilt als hohe Kunst des Waidwerks. Mit seinem Röhren täuscht der Jäger einen Rivalen vor und lockt damit den Platzhirsch aus der Deckung. Und vor die Flinte!

Geophysik   **Was wäre Amazonien ohne die Sahara!**

Millionen Tonnen von phosphorhaltigem Staub werden jährlich durch Winde aus extrem trockenen Teilen der nordafrikanischen Sahara in die südamerikanischen Regenwälder transportiert. Zwei in westöstlicher Richtung verlaufende Gebirgszüge begrenzen diese Gebiete und sorgen dafür, dass die Winde die Staubwolken in die „richtige" Richtung treiben. Für die 4000 km brauchen die Staubwolken dann etwa 10 Tage.

Da der Urwaldboden an sich nährstoffarm ist, bildet der afrikanische Staub mit seinem Phosphor einen wichtigen Dünger für die dortige Pflanzenwelt. Geophysiker behaupten sogar, dass der Amazonaswald vom afrikanischen Staubgebläse „abhängig" sei.

Reliquie   **Der Zahn des großen Steuermanns**

In dem kleinen nordchinesischen Dorf Haulan ist ein Zahn des großen Vorsitzenden Mao entdeckt worden. Maos Truppen hatten das Dorf zu Beginn ihres großen Marsches durchquert, als den großen Steuermann starke Zahnschmerzen quälten und er sich von dem örtlichen Barbier den schmerzenden Zahn ziehen ließ. Dieser Barbier bewahrte den Zahn jahrzehntelang in einer Schatulle zusammen mit einem handgeschriebenen Dankeswort Maos auf.

Die Enkelin des Zahnarztes, die inzwischen hochbetagt ist, übergab die Schatulle nun dem Dorfkomitee, das in der Hoffnung auf Touristenströme jetzt plant, die Reliquie nach dem Vorbild der buddhistischen Tempel, in denen häufig angebliche Zähne des Buddha aufbewahrt werden, der Öffentlichkeit zugänglich zu machen.

<u>Gegendarstellung</u>: Sie finden diese auf den letzten Seiten im Archiv unter der Registrier-Nummer 0824.

Komposition   **840 X 4**

Von dem französischen Komponisten Erik Satie ist
überliefert, dass er nie seine Hemden wusch. Waren sie
dreckig, wurden sie entsorgt und neue gekauft. Auch soll er
eines Tages eine plötzliche Vorliebe für Cordanzüge
entwickelt haben, von denen er sieben identische Exemplare
kaufte und fortan jahrelang nur in Cordanzug gesehen wurde.

Diese skurrilen Geschichten erscheinen glaubhaft, wenn
man weiß, dass Satie die vermutlich ungewöhnlichste
Komposition der Musikgeschichte hinterlassen hat: Sie besteht
aus nur vier Zeilen, die aber 840mal wiederholt werden. Damit
wollte er seinen Unmut über das viele Wiederholen beim Üben
auf dem Klavier zum Ausdruck bringen Die Aufführung des
Werkes dauert gut und gerne — je nach Interpretation der vier
Zeilen — fünfzehn und mehr Stunden. Verständlich, dass das
Werk erst Jahrzehnte nach Entstehung uraufgeführt wurde.

Footby   **Geht auch!**

Was macht ein Fußballspieler ohne Fußball? Vor diesem
Problem standen sechs Mannschaften, die sich im Winter
2013/14 in der irischen Kleinstadt Castlebar zur Austragung
der Provinz-Hallenfußballmeisterschaft getroffen hatten. Das
Haus des Ballwartes des austragenden Vereins war am frühen
Morgen mitsamt der Bälle abgebrannt und da es Sonntag war,
ließ sich partout kein Ball käuflich erwerben. Auch die
Gastmannschaften hatten, wie es der Zufall so wollte, allesamt
keine Bälle mitgebracht. Nur der Sohn eines Zuschauers hatte

einen Ball dabei — dummerweise war dies ein Rugbyball und damit wegen seiner Eiform für ein ordnungsgemäßes Fußballspiel nicht geeignet.

Da aber der Sonntag nun einmal verplant war, die ersten Zuschauer eintrafen, entschlossen sich die Organisatoren nach kurzer Beratung, das Turnier mit dem Rugbyball, aber ansonsten nach Fußball- Regeln durchzuführen.

Die Veranstaltung wurde ein voller Erfolg. Der eiförmige Ball sprang wie ein Hase hierhin und dorthin und entzog sich, sehr zum Gaudi der Zuschauer, jeglicher Kontrolle durch die Spieler. Dass er gelegentlich auch einmal hier und da in einem Tor landete, war reiner Zufall, führte aber am späten Nachmittag nach einem spannenden Turnierverlauf mit vielen überraschenden Ergebnissen doch dazu, dass sich eine Mannschaft, nämlich der FC Knock, als Sieger des ersten und einzigen Rugby-Fußball- Hybrid-Turniers fühlen konnte.

Wanja **Friedensnobelpreis für Super- Bombenbauer**

Die stärkste jemals gezündete Bombe war die sog. „Zar-Bombe Wanja", die 1961 über Nowaja Semlja abgeworfen wurde. Ihre Sprengkraft war 8000mal größer als die der Hiroshima- Bombe „Little Boy". Sie wog 27 Tonnen, war acht Meter lang und maß zwei Meter im Durchmesser.

Interessanterweise erhielt ihr Konstrukteur Andrej Sacharow anderthalb Jahrzehnte nach dem Abwurf den Friedensnobelpreis.

Gegendarstellung: Sie finden diese auf den letzten Seiten im Archiv unter der Registrier-Nummer 0195.

Weihnachten   **Mehr Lametta!**

Die amerikanische Firma SantoLtd hat kürzlich ein Start-up-Unternehmen aus Montana gekauft, das in mehreren Versuchen bereits Erfolge bei der Züchtung von Nadelbäumen mit silberfarbenen Nadeln erzielt hat. Diese sollen den Eindruck eines schneebedeckten Winterwaldes in die Stube holen. Geplant ist, weltweit in den Markt für Weihnachtsbäume einzusteigen. Wie ein Sprecher mitteilte, erhofft man sich „gerade in Zeiten der Erderwärmung", dass man einen Beitrag zum Erhalt der „White Christmas"- Kultur leisten kann.

Das gleiche Ziel haben die Lametta-Produzenten, die durch die neue Konkurrenz weitere Umsatzrückgänge und Arbeitsplatzverluste befürchten. „Das ist kein Weihnachtsgeschenk für die Menschen in der Lamettaproduktion, das SantoLtd ihnen da gemacht hat", vermutet ein Kenner der Branche.

Rechtsprechung   **Scharia in der Europäischen Union**

Im Nordosten des EU-Mitglieds Griechenland, in Thrakien, leben die Pomaken, eine hunderttausend Köpfe zählende Minderheit. Diese türkisch- und romastämmigen Muslime regeln in ihrem Gebiet familienrechtliche Fragen nicht nach EU-konformen Grundsätzen und durch ausgebildete Richter, sondern nach den Grundsätzen des Koran. Über

Eheschließungen und Scheidungen zum Beispiel entscheidet ein Mufti. In diesem Teil der EU ist demnach wie in islamischen Republiken ein religiöses Gesetz, nämlich die Scharia, offizielle Rechtsprechung. Dem konnte sich bis 2018 vor allem keine Frau legal entziehen. Erst 2018 entschied die sozialistische Regierung Tsipras, Betroffenen ein Wahlrecht einzuräumen: entweder griechisches Zivilrecht oder weiterhin Scharia.

Nationalgetränk **No tea in England**

England ohne Tee? Schwer vorstellbar, dass ein Gast nach England kommt, nach einer Tasse Tee fragt und dann als Antwort bekommt: „In England ist es nicht üblich, Tee zu trinken." Und doch passierte genau dies einer jungen Portugiesin. Es war sogar der höchste Repräsentant des Staates, der König von England selbst, der dies sagte. Und um der Geschichte die Krone aufzusetzen, bot der König der jungen Dame statt des Tees einen Krug Bier an.

Für den Wahrheitsgehalt dieser Geschichte verbürgt sich Antonia Fraser, die Biografin Charles II. Die junge Portugiesin hieß Katharina und sorgte als Charles Gemahlin dafür, dass es in England sehr bald üblich wurde, Tee zu trinken.

Gegendarstellung: Sie finden diese auf den letzten Seiten im Archiv unter der Registrier-Nummer 1302.

Pi **Gute Idee!**

Im Jahre 1894 hatte Mr. Edward Goodwin eine geniale Idee und löste eins der ältesten mathematischen Probleme überhaupt: die Quadratur des Kreises. Die richtige Lösung hatte er zuvor auf „übernatürliche Art" mitgeteilt bekommen, wie er berichtete. Noch genialer war seine Idee, seinen Rechenweg mittels eines Deals mit dem Bundesstaat Indiana als Gesetz festschreiben zu lassen. Das Repräsentantenhaus des Bundesstaates Indiana ließ sich auf den Deal ein und erließ 1897 ohne Gegenstimmen „Ein Gesetz zur Einführung einer neuen mathematischen Wahrheit und übereignet als Beitrag zur Erziehung, der nur durch den Staat Indiana kostenfrei und ohne jegliche Gebühren angewendet werden darf." Kurz und inoffiziell: Indiana-Pi-Bill. Der Rechenweg wurde also Gesetz und alle – außer dem Bundesstaat Indiana – mussten von nun an Mr. Gordon zahlen, wenn sie einen Kreis quadrierten.

Dumm nur, dass vor der Abstimmung im Senat, dem zweiten Haus des Parlaments, der Mathematikprofessor Clarence Waldo die Politiker darauf hingewiesen hatte, dass die Zahl Pi eine Konstante ist, deren Wert nicht, wie Gordon es getan hatte, nach Bedarf und wie es das erwünschte Ergebnis erfordert, verändert werden kann. Der Senat vertagte schließlich die Entscheidung über das Gesetz auf unbestimmte Zeit. In dieser Senats-Schublade liegt es heute noch.

Notfall **Armes Tier!**

Von einem ungewöhnlichen Notfalleinsatz berichtet die Zeitung „Il Giorno" in Rom. Ein Tierarzt wurde zu einem kranken Papagei in den Vorort Montespaccato der heiligen Stadt gerufen. Das Tier fresse nicht mehr, hatte die Dame am Telefon geklagt. Sie sei an den Rollstuhl gebunden und könne nicht in die Praxis kommen. So machte sich der Dottore auf den Weg zu einem Hausbesuch in der genannten Adresse. „Er spricht auch gar nicht mehr," klagte die alte Dame als sie dem Tierarzt öffnete. Doch wie groß war das Erstaunen des Mannes, als er in der dämmerigen Stube an den Käfig trat und mit schnellem diagnostischen Blick feststellte, dass das Tier nie mehr fressen oder sprechen würde, ja nie gefressen oder gesprochen hatte: Der Papagei war aus Plastik.

„Ach deshalb…", sagte die Frau und weinte, als der Arzt ihr die traurige Diagnose mitteilte.

Service **Teststrecke für Rollatoren**

Ein großes Kaufhaus in Deutschland bietet seit einiger Zeit in mehreren Häusern eine Teststrecke für Rollatoren an. Der Kaufinteressent kann mit den verschiedenen Modellen über eine eigens eingerichtete Versuchsstrecke rollern. Diese Teststrecke ist allerdings einigermaßen anspruchsvoll, sie verfügt über An- und Abstiege und über verschiedene Untergründe mit teilweise sehr holprigen Pflastersteinen. Vorbild sind ähnliche Mini-Wanderstrecken in den Outdoorabteilungen, auf denen man Wanderschuhe ausprobieren kann.

Gegendarstellung: Sie finden diese auf den letzten Seiten im Archiv unter der Registrier-Nummer 0352.

Gesellschaft   **Multikultureller Wohnungsbau**

Die Niederlande waren, bevor sie in den letzten Jahren eine Kehrtwende vollzogen, ein Vorreiter des Multikulturalismus. Immigranten erhielten leichter als in anderen Ländern Zugang zu öffentlichen Leistungen und Rechten. Auch im sozialen Wohnungsbau kam man ihren kulturellen Gewohnheiten oft entgegen. So entstanden beispielsweise Wohnblöcke speziell für Muslime, mit Grundrissen, die einen „privaten" Teil, in dem die Frauen des Hauses sich aufhielten, und einen „öffentlichen" Männerteil, wo Gäste empfangen werden konnten, vorhielten. Verbunden waren die beiden Teile durch die Küche, so dass die Frauen von dort aus die männlichen Gäste bedienen konnten. Es wurde weiterhin darauf geachtet, dass die Toilettensitze den religiösen Vorschriften gemäß nicht nach Mekka ausgerichtet waren.

Beichte   **Sünden jetzt digital**

Die Corona-Pandemie im Jahre 2020 hat viele Gewohnheiten und hergebrachte Veranstaltungen durcheinandergewirbelt. Sie hat aber auch Dinge beschleunigt, die sonst in der Form noch viele Jahre auf ihre Verwirklichung hätten warten müssen. In der katholischen Kirchengemeinde Santa Rosa im Süden Mexikos zum Beispiel würden die Gläubigen immer noch vor dem Beichtstuhl anstehen und dem Kaplan ihre Sünden analog ins Ohr flüstern. So aber funktionierte Pater Ochoa, der Gemeindepfarrer, einen der drei Beichtstühle der Kirche um und stattete ihn mit einem Internetzugang aus. Dort sitzt, da der Andrang groß ist, der junge Kaplan, der zum Glück ausreichend technikaffin ist, mehrere Stunden täglich und nimmt die digitale Beichte ab. Clou der zugehörigen App ist neben einem Zählwerk, das das vollständige Abbeten der auferlegten Buß-Vaterunser registriert, der "Absolutions-Schaltknopf". Wenn der Kaplan ihn betätigt, ertönt aus dem Computer des Sünders Händels „Hallelujah", gesungen vom Kirchenchor der Gemeinde.

Die Anbindung an ein Facebook-Account das Beichtwilligen wird gerade vorbereitet.

Körperkunst   **Sissis Tattoo**

Die österreichische Kaiserin Elisabeth (1837-1898) war sicherlich eine der schillerndsten Frauenpersönlichkeiten des 19. Jahrhunderts. Ihr Leben bildete die Vorlage für mehrere Theaterstücke und Verfilmungen. Unter anderem war „The King steps out" von Josef Sternberg in den USA ein Kinoerfolg. In Deutschland und Österreich ist die „Sissi"-Trilogie mit Romy Schneider in der Hauptrolle immer noch einer der erfolgreichsten Filme überhaupt.

Dabei war Elisabeths Leben wahrscheinlich noch schillernder als es die Filme zu ihrer jeweiligen Zeit zu zeigen wagten. Dass Elisabeth sich im Alter von 51 Jahren auf Korfu in eine Hafenkneipe begab und sich als glühende Bewunderin der Seefahrt einen Anker als Tätowierung in die Schuler stechen ließ, ist in keiner Filmszene zu sehen.

Wie überliefert ist, war der Kaiser „nicht amüsiert".

Gegendarstellung: Sie finden diese auf den letzten Seiten im Archiv unter der Registrier-Nummer 1625.

Finger   **2D/4D**

Ist Ihnen schon mal aufgefallen, dass sich die Hände von
Männern und Frauen unterscheiden? Sicherlich, doch haben
Sie dabei auch mal auf das Längenverhältnis des Zeigefingers
(wissenschaftliche Bezeichnung: 2D) zum Ringfinger (4D)
geachtet? Bei den meisten Frauen ist 2D länger als 4D, beim
Mann ist es umgekehrt. An diesem Verhältnis können
Wissenschaftler viel ablesen. Vom Durchsetzungsvermögen
und der Kommunikationsfähigkeit des/der Betreffenden bis
hin zu Fruchtbarkeit, sportlichem Talent und Spermienzahl.
Sogar die Anfälligkeit für Herzinfarkt oder
Rechtschreibschwäche lässt sich an zwei Fingern ablesen. Der
Grund ist eine Beeinflussung des Embryos durch das Hormon
Testosteron, die sich in der Länge der beiden Finger zeigt.
Natürlich gilt das alles nur in der Statistik, was der Einzelne
aus seinen Fingern macht, hat immer noch jeder - buchstäblich
- selbst in der Hand.

Golf   **Drei in One**

Ein sogenanntes Hole-in-One, bei dem der Golfspieler den
Ball gleich mit dem ersten Schlag ins Loch befördert, ist
einerseits selten – die Wahrscheinlichkeit liegt bei 1:12000 —,
andererseits auch eine zweischneidige Sache. Oft gibt es bei
Turnieren äußerst attraktive Sonderpreise, z. B. eine
Luxuslimousine für diese Leistung zu gewinnen. In dem Fall
ist die Verpflichtung, alle Spieler des Turniers zu einem
Umtrunk einzuladen, sicher zu verkraften. Nur: Preise gibt es
nicht immer, den Umtrunk schon. Da das teuer werden kann,

werden Golfern spezielle Hole-in-one-Versicherungen angeboten.

Bob Taylor, einen Amateurspieler aus England, hätte es 1974 ganz hart treffen können: Er erzielte an einem Wochenende gleich drei Hole-in-Ones, und das obendrein immer am gleichen Loch. Mit dem dritten Treffer gewann er allerdings glücklicherweise eine Wette über 250.000 Pfund, die ihm ein Mitspieler nach dem zweiten Treffer angeboten hatte – gegen einen Einsatz von 25 Pence.

Pandemie   **Ohrabflachung**

Mit Beginn des Jahres 2020 brach die Corona- Pandemie über die Welt herein. Neben weltweit Millionen Toten, die das neuartige Virus forderte, richtete sie auch immensen wirtschaftlichen Schaden an. Nur wenige Branchen konnten wie die Hersteller von Atemschutzmarken von Lockdowns und anderen Beschränkungen profitieren. Auf Nachfrage musste die Standesorganisation der plastischen Chirurgen PCI einräumen, dass diese Berufsgruppe zu den Pandemie-Gewinnern gehört. Das dauerhafte Tragen des Gerichtsmaske hatte bei vielen Menschen, insbesondere solchen mit Bindegewebsschwächen, zu Deformationen der Ohren, im Volksmund auch Segelohren genannt, geführt. "Wir mussten eine Vielzahl von Fortbildungs-Kursen zu Thematik Ohrabflachung anbieten", erläuterte PCI-Sprecher Peter Murray.

Gegendarstellung: Sie finden diese auf den letzten Seiten im Archiv unter der Registrier-Nummer 0161.

Psychologie   **Experimentelle Werbung**

Seit jeher forscht die Werbeindustrie, wie sie Erkenntnisse der Psychologie für ihre Zwecke einsetzen kann. Bevor dieses Verfahren verboten wurden, bauten ab Ende der 1950er-Jahre amerikanische Werbefachleute in Kinofilme Einblendungen mit Werbebotschaften ein, zum Beispiel Logos bekannter Firmen oder Kaufaufforderungen. Die Einblendungen waren so kurz, dass sie vom Zuschauer nicht bewusst registriert werden konnten, aber im Unterbewusstsein eine kauffördernde Wirkung entfalteten. Nachgewiesen wurde diese Wirksamkeit in einer Studie mit Popcornwerbung, die in den Kinos einen Anstieg des Popcornumsatzes von mehr als 50 % zur Folge hatte.

Flora   **Säbelbäume**

Bäume wachsen krumm und schief oder sie richten sich kerzengerade nach oben in den Himmel aus. Ungewöhnlich ist, dass ein komplettes Waldstück aus Bäumen besteht, die sich dem Betrachter mit säbelförmig geschwungenen Stämmen präsentieren. Wie parallel gespannte Flitzebögen recken sich diese an flachen Abhängen dem Tale zu. In Deutschland lässt sich das in manchen Gegenden der Schwäbischen Alp studieren. Ständige kleine Erdrutsche führen dazu, dass die auf diesen Hängen wachsenden Bäume die beschriebenen säbelartigen Stämme entwickeln: Durch die Erdrutsche geraten die Bäume in Schieflage, anschließend richten sie ihre Kronen wieder auf die Sonne aus, wodurch eine Krümmung im Stamm entsteht. Viele kleine Erdrutsche über die Jahre verursachen permanent kleine Krümmungen und damit nach vielen Jahren einen Wald voller Säbelstämme.

Thronfolge   **Familienzwist!**

Das vielfältige Liebesleben in den Harems der osmanischen Herrscher brachte ein schwer zu lösendes Problem mit sich: Viele Frauen bedeuteten viele Söhne, die für die Nachfolge auf den Thron des Vaters bei dessen Tod in Frage kamen. Eine gesetzliche Regelung sah denjenigen als legitimen Thronfolger vor, „dem die Herrschaft zufiel" — eine doch recht schwammige juristische Kategorie, die Raum für Interpretationen ließ. Die Folge waren Bruderkriege. Und nicht nur das: Wer die Unterstützung der wichtigen Kreise im Staat auf seiner Seite hatte und schließlich auf dem Thron saß, sicherte seine Herrschaft ab, indem er alles, was immer noch Anspruch erheben konnte, auslöschte. Mit Bogensehnen erdrosseln war eine Zeitlang ein probates Mittel. Selim I., auch der Grausame genannt, tat sich besonders hervor. Zwei seiner insgesamt sieben Brüder hatte sein Vater Beyazid II. bereits erdrosseln lassen und damit aus dem Weg geräumt. Den letzten der drei für die Thronfolge in Frage kommenden Brüder schlug Selim in einer Schlacht. Er übernahm die Macht von seinem Vater noch vor dessen Tode, der dann aber nicht lange auf sich warten ließ: Beyazid starb bald darauf unter ungeklärten Umstanden. Selims erster Befehl auf dem Thron lautete dann, sicherheitshalber die restlichen Brüder und gleich auch alle seine Neffen mitumzubringen.

<u>Gegendarstellung</u>: Sie finden diese auf den letzten Seiten im Archiv unter der Registrier-Nummer 0901.

Charity   **Herzschlag der Liebe**

Eigentlich eine gute Idee: Man ruft eine Telefonnummer an und spendet dadurch fünf Euro für Bedürftige. Als Dank pulsiert nach jedem solchen Anruf bei Dunkelheit ein leuchtendes rotes Herz weit oben auf dem Schlossturm über der Stadt und zeigt damit die Spende allen Bürgern an. So geplant in Marburg in Hessen. Dumm nur, dass es am Stadtrand ein ungeliebtes Großbordell gibt, das Freier aus dem ganzen ländlichen Umland anlockt. Die Befürchtung war nicht von der Hand zu weisen, dass die ortsunkundigen Sexkunden das weithin leuchtende rote Herz der Mildtätigkeit über dem Schloss als Wegweiser zur Lust missverstehen würden und sich Abend für Abend der Schlosshof mit irritierten und orientierungslosen unbefriedigten Freiern füllen würde.
Das Herz landete schließlich auf einem Turm auf der anderen Talseite. Dort leuchtet es nun den Spendern und lockt Freier auf eine falsche Fährte. Sollen sich die Sexhungrigen doch da drüben in dem unwegsamen Waldgelände ihr Mütchen kühlen!

Obama   **Zurückgespult**

Barrack Obamas Fähigkeiten gehen weit über sein politisches Talent hinaus. Er ist zum Beispiel ein sehr guter Basketballspieler und hat bereits einige Male öffentlich Kostproben seines Gesangstalents gegeben. Hier hat er sogar ein paar besondere Fähigkeiten: In den Jahren seiner gemeinnützigen Arbeit in Chicago konnte er sich besonders beliebt machen durch seine Fähigkeit, bekannte Rocksongs der Zeit rückwärts singen zu können. Große Hits bei den Menschen, die er betreute, waren Bruce Springsteens „Born in the USA" und „Sweet home Chicago", die er immer wieder zum Vergnügen der Menschen zum Besten geben musste. Er sang die Stücke erst vorwärts und „spulte dann das Band zurück", wie er sagte.

Auf dem „Bilderberg"- Treffen 2016 in Dresden soll er dieses Talent im abendlichen kleinen Kreis sogar einigen Teilnehmern vorgeführt haben.

Medizin   **Tischtennis gegen Parkinson**

Bekanntermaßen ist Tischtennis eine anerkannte Therapie für Parkinsonpatienten. Dieses erscheint auf den ersten Blick verwunderlich, da doch gerade die feinmotorische Bewegungssteuerung und die schnellen gezielten Reaktionen, die das Tischtennisspiel verlangt, für Parkinsonpatienten als sehr schwierig erscheinen. Parkinsonpatienten leiden oft unter unwillkürlichen und unkontrollierten Bewegungen.

Inzwischen fand die erste Weltmeisterschaft im Tischtennis für Spieler mit dieser Krankheit statt. In drei verschiedenen Klassen, die sich nach der Schwere der Diagnose richtete, spielten Betroffene aus der ganzen Welt ihre Meister im Damen- und Herren- Einzel sowie im Doppel aus.

Neben dem Wettbewerbsgedanken wollten die Initiatoren, dass die Meisterschaft vor allem auch als soziales Event angesehen wird.

Gegendarstellung: Sie finden diese auf den letzten Seiten im Archiv unter der Registrier-Nummer 0708.

Antarktis **Fette Beute**

Die Eisbären sind eine vom Aussterben bedrohte Tierart. Am Nordpol zieht sich das Eis zurück und es wird immer schwieriger für die weißen Riesen, ihre Lieblingsspeise Robben zu erjagen. Unter der Leitung der norwegischen Organisation „Arctic Wildlife" wurden deshalb im Jahr 2021 acht Eisbären in das als „Königin-Maud-Land" bekannte Territorium in der Antarktis umgesiedelt. In einer weitläufigen Schutzzone werden sie seitdem an mögliche neue Beutetiere wie Pinguine, Ross- oder Wedellrobbe gewöhnt. Insbesondere letztere wären ein fetter Happen, sie werden wie die Eisbären bis zu einer halben Tonne schwer. Sollten die Versuche in der Schutzzone positiv verlaufen, sollen in den Randgebieten der Arktis streunende Tiere zukünftig systematisch eingefangen werden und die Reise in den tiefen Süden antreten.

Kalter Krieg **Ein fremdes Metier**

Die Zeit des sogenannten kalten Krieges in den 50er- bis 80er-Jahren des vergangenen Jahrhunderts war die letzte große Ära des Bunkerbaus aus militärischen Gründen. Es herrschte noch die Illusion, sich in einem Atomkrieg auf diese Art schützen zu können.

Auch die Regierung und andere Verfassungsorgane des damaligen Westdeutschland hätten sich im Kriegsfall in einen nahe der Grenze zu Frankreich gelegenen 17 km langen geheimen Bunker eingegraben.

Dort war an alles, was zu einem mehrwöchigen Aufenthalt nötig war, gedacht. So gab es zum Beispiel einen Friseursalon und direkt daneben ein eigenes kleines Fernsehstudio, aus dem heraus sich das Staatsoberhaupt an sein Volk hätte wenden können. Für dieses Studio war immer ein einzelner Fernsehjournalist, der auch bei Übungen im Bunker anwesend sein musste, als Geheimnisträger eingeweiht. Um die Zahl der Personen, die sich im Ernstfall im Bunker aufgehalten hätten, möglichst gering zu halten, sparte man sich allerdings den Friseur. Stattdessen gehörte es zur Einweisung eines jeden neu ausgewählten Journalisten, gleich einen Haarschneide-Kurs zu absolvieren, damit er im Ernstfall im Friseursalon tätig werden konnte.

Karriere   **Aus einfachen Verhältnissen**

Der österreichische Priester Joseph Moor erlangte Weltruhm als Dichter der Textzeilen des Weihnachtsliedes „Stille Nacht, heilige Nacht", das in der christlichen Welt und darüber hinaus den Geist des Weihnachtsfestes musikalisch verkörpert.

Dabei war es schon ein fast weihnachtliches Wunder, dass der aus bitterarmen Verhältnissen stammende Junge es bis zu dem angesehenen Priesterstand bringen konnte, denn seine Herkunft war alles andere als respektabel: Seine Mutter war ledig und verdiente sich mit Prostitution ihr Geld. Und als Taufpate des kleinen Joseph konnte nur der örtliche Henker gewonnen werden.

Gegendarstellung: Sie finden diese auf den letzten Seiten im Archiv unter der Registrier-Nummer 1042.

Verfassung   **Von Frauen und Kamelen**

Bis vor kurzem war Frauen in Saudi- Arabien das Lenken von Autos untersagt. In dem fortdauernden Streit zwischen Reformern und Erzkonservativen um mehr oder weniger Frauenrechte nahm diese Frage eine besondere Stellung ein. Das entscheidende Argument für die Liberalisierung fand sich schließlich im Koran, der in Saudi-Arabien eine Art Verfassungsrang hat: Aisha, die Frau des Propheten, ritt einst, so ist überliefert, auf einem Höckertier in die sog. Kamelschlacht. Die Analogie „Kamelreiten = Auto fahren" lag nahe und so reiten die saudi-arabischen Frauen heute auf den Spuren Aishas in Automobilen durch die Wüsten und über die Straßen Riads. Als Nebenprodukt dieses Erfolges dürfen Kamele, die Frauen gehören, jetzt auch an Schönheitswettbewerben für Kamele teilnehmen, was vormals ebenfalls verboten war.

Bauwerke   **Transatlantischer Brückenschlag**

„London Bridge is falling down" ist eins der seit Jahrhunderten populärsten Kinderlieder im englischen Sprachraum. Das Lied bezieht sich auf die erste und lange Zeit einzige Brücke über die Themse in London. Die Konstruktion des Neubaus von 1835 wurde in den 1960er-Jahren für das angewachsene Verkehrsaufkommen zu instabil. Vermutlich war es das beliebte Kinderlied, das einen amerikanischen

Millionär veranlasste, die Brücke zu kaufen. Er baute sie Stein für Stein ab und verfrachtete sie nach Amerika. Dort wurde sie wieder aufgebaut und überspannt in Arizona jetzt einen Kanal und lebt so als Touristenattraktion fort.

Autobahn   **Baumeister Hitler**

Einer der größten Schurken der Weltgeschichte war der deutsche Reichskanzler Adolf Hitler, der es Mitte des 20. Jahrhunderts mit seiner Politik innerhalb von zwölf Jahren schaffte, Europa mit einem Genozid ohnegleichen zu überziehen und den Kontinent in Schutt und Asche zu zerlegen.

Zugutehalten muss man dem Mann, dass er ein bleibendes Bauwerk hinterlassen hat. Nachdem er 1933 an die Macht gekommen war, baute er in Deutschland die Autobahnen, für die das Land unter Autofahrern in der ganzen Welt heute noch berühmt ist. Diese „Nur-Auto-Straßen" bestanden als erste Überlandstraßen aus zwei getrennten Fahrspuren und waren — und sind — kreuzungsfrei.

Hitler hatte die Idee zu diesen Straßen schon 1923, sie wurden in den 30er-Jahren des letzten Jahrhunderts deshalb auch „Adolf-Hitler-Straßen" genannt.

Gegendarstellung: Sie finden diese auf den letzten Seiten im Archiv unter der Registrier-Nummer 1423.

Seefahrt   **Ein ganz besonderer Kap Hornier**

Die Südspitze Südamerikas besteht nicht nur aus einer zerklüfteten Küstenlandschaft mit vorgelagerter und ebenso zerklüfteter Inselwelt. Hier am berüchtigten Kap Hoorn treffen auch die Wasser der zwei größten Ozeane unserer Erde mit ihren Strömungen aufeinander. Nicht zuletzt ist das Wetter und damit auch die See oft sehr rau und Stürme und Kälte tun ein Übriges, um diese Passage zur von Legenden umwobensten der Seefahrtsgeschichte zu machen. Die stolzen Kapitäne, die Kap Hoorn noch ohne Motorkraft und meist auf Frachtenseglern umrundet hatten, waren im letzten Jahrhundert in der Bruderschaft der Kaphoorniers, der *Internationalen Bruderschaft der Kapitäne auf großer Fahrt, Kaphoorniers* (kurz *A.I.C.H.*), zusammengeschlossen.

1928 stellte der Maori Tangaroa Tane einen Antrag auf Mitgliedschaft: Er hatte im Jahr zuvor Kap Hoorn auf einem acht Quadratmeter großen Holzfloß umrundet und hatte dabei als einziges Antriebsgerät ein hölzernes Paddel benutzt und so von Puerto Navarinos aus die 340 Kilometer bis zur Isla Olga nur mit Muskelkraft bewältigt.

Es spricht für die Kapitäne, dass sie diese Leistung anerkannten und Tane zum einzigen Mitglied ohne Kapitänspatent machten.

Millenium   **Globale Rechenschwäche**

Milliarden von Menschen unterlagen am 1. Januar des Jahres 2000 dem Irrglauben, in ein neues Jahrtausend eingetreten zu sein. Sie alle hatten das vermeintlich neue Millenium wegen eines globalen Rechenfehlers ein Jahr zu früh gefeiert. Mit ein paar arithmetischen Grundkenntnissen hätten sie wissen müssen, dass das ablaufende Jahrtausend erst am 31. Dezember 2000 vollendet wurde.

Einzig ein kleiner Ort in Deutschland machte es richtig: Staffelstein, der Geburtsort des Mathematikers Adam Reis, begrüßte das neue Jahrtausend arithmetisch korrekt am 1. Januar 2001.

Umwelt   **Bio- Baum aus Stahl**

In Mexico City, das wie andere Megacities wegen des dichten Autoverkehrs unter sehr hoher Luftverschmutzung leidet, hat eine BioTech-Firma einen künstlichen Baum entwickelt. Dieser kann an verkehrsreichen Plätzen aufgebaut werden. Die aus Stahl gefertigten „Bäume" werden mit Mikroalgen bestückt, die das Kohlendioxid aus der Luft aufnehmen und in Sauerstoff umwandeln

Der „Baum" ist sehr leistungsfähig und kann durch dieses Verfahren sogar einen ganzen Wald ersetzen. Dabei nimmt die Konstruktion, die einer natürlichen Baumkrone gestalterisch nachempfunden wird, nur einen Raum von ca. 10 qm ein. Gegenüber natürlichen Bäumen benötigt die Neuerung keine Wachstumszeit und ist innerhalb weniger Tage an den Orten, an denen sie gebraucht wird, installiert.

Gegendarstellung: Sie finden diese auf den letzten Seiten im Archiv unter der Registrier-Nummer 1297.

Tierleben   **Sturer Papagei**

Als Teodoro da Silva 1997 aus Brasilien nach Essex (Südengland) einwanderte, brachte er aus seiner Heimat den prächtigen Gelbbrust-Ara Kikou mit. Gemeinsam mit seinem Herrn erlernte der Ara die englische Sprache und konnte schon bald Sätze wie „Good morning" oder „How are you?" sagen. Als Teodoro bei einer Wanderung einen Kuckuck rufen hörte, beschloss er Kikou auch den Kuckucksruf beizubringen. „Von Anfang an", so berichtet Theodoro, „weigerte sich Kikou ‚Kuckuck'zu sagen."

Während der Ara weitere englische Wörter ohne Schwierigkeiten erlernte, gelang es Theodoro auch nach Jahren nicht, Kikou dazu zu bringen „Kuckuck" zu rufen. „Ich glaube, er findet es unter seiner Würde", sagt Theodoro.

Digitalisierung   **Sag mir, was du liest**

In Pekings Stadtteil Zhongguancun befinden sich die Hightech-Schmieden Chinas. Gerne wird es deshalb auch Chinas Silicon-Valley genannt. Mittlerweile gelingt es den chinesischen Unternehmen den amerikanischen Namensvorbildern den Rang abzulaufen, zumindest in einigen Bereichen.

Die Zeitung „YaoYan" etwa hat kürzlich in Zusammenarbeit mit dem StartUp Canguan für ihre Leser ein neuartiges Online-Abonnement eingeführt. Das Besondere ist, dass dieses Abo nur mit einem Eye-Tracker funktioniert. Diese

App verfolgt die Augenbewegung des Abonnenten beim Lesen und übermittelt die Daten zurück an ein Rechenzentrum. Für die Redaktion hat dies den Vorteil, dass sie ein perfektes Feedback über die Lesegewohnheiten ihrer Kunden erhält und so ihre Inhalte für kommende Ausgaben darauf ausrichten kann.

Besonders billig wird dieses Abonnement, weil „Doppelleser" vermieden werden. Sobald der Artikel gelesen wurde, wird er aus dem Angebot gelöscht. Es ist also nicht möglich, dass eine zweite oder gar mehr Personen das Abo mitbenutzen. Dafür ist es mit umgerechnet weniger als einem Dollar pro Monat auch unschlagbar günstig.

Urteil · **Arbeitsunfall**

Mit einem ungewöhnlichen Fall musste sich das Sozialgericht Dortmund beschäftigen: Ein Beamter war während seiner Arbeitszeit eingenickt, dabei vom Stuhl gefallen und hatte sich die Nase gebrochen. Das Sozialgericht erkannte die Verletzung als Dienstunfall an. Begründung: Das Gericht sah es als erwiesen an, dass der Beamte wegen Überanstrengung eingeschlafen war.

Gegendarstellung: Sie finden diese auf den letzten Seiten im Archiv unter der Registrier-Nummer 1562.

Aberglaube   **Unappetitlich, aber heilkräftig?**

Das Mittelalter in Europa war eine blutige Zeit. Insbesondere die Strafjustiz war ein grausames Geschäft und öffentliche Hinrichtungen lockten Gaffer in Massen auf die Richtplätze. Dabei war es nicht nur die Schaulust, die die Menschen vor die Galgen und Richtblöcke trieb. Das Blut, ja ganze Körperteile der Gerichteten galten als wirksame Heilmittel gegen alle möglichen Leiden. Und so war mit dem Tod des armen Sünders die Veranstaltung nicht vorbei, die Menge drängte sich um den Leichnam, um ein Stück Tuch in das Blut zu tauchen und dieses dann auszusaugen. Wer in den vordersten Reihen das spritzende Blut mit seinem Tuch auffing, konnte, so glaubte man, sich auf eine besonders kräftige Heilwirkung verlassen.

Wind   **Ein Störenfried aus Südost**

Die meiste Zeit des Jahres schmiegt sich die historische Altstadt von Dubrovnik unter einem freundlich azurnen Himmel an den schmalen Küstenstreifen, in dem blaue Adria und steile Gebirgsketten verschmelzen.

Wer von den zahlreichen Touristen, die die Stadt Tag für Tag überschwemmen, würde bei solchem Anblick vermuten, dass diese Stadt regelmäßig von einer Wetterlage heimgesucht wird, die, sieht man von Katastrophen ab, wie kaum eine andere in das Alltagsleben der Menschen eingreift?

„Jugo" nennen die Kroaten den aus Südosten hereinkommenden warm-feuchten Wind aus der Sahara. Er macht die Menschen schlapp und launisch und ist für jegliches

Ungeschick, sei es ein verstauchter Knöchel, Kopf- oder Rückenschmerzen oder unmotivierte Wutausbrüche, an den betreffenden Tagen verantwortlich. Und mangelnde Produktivität in den Fabriken, die an anderen Tagen vielleicht auf Faulheit zurückzuführen wäre, ist bei dieser Wetterlage einfach nur dem „Jugo" geschuldet. Jeder Chef weiß das …

In der alten Republik Dubrovnik wurden deswegen an „Jugo-Tagen" keine Gesetze erlassen, weil das Urteilsvermögen der Menschen als eingeschränkt galt und vor Gericht bekam man selbst für schwerste an „Jugo-Tagen" begangene Taten mildernde Umstände.

Werbung   **Ein unanständiges Angebot**

Bekanntlich unterscheidet sich das auch in Deutschland verwendete englische Wort (ham-) „burger" nur geringfügig von dem deutschen Wort „Bürger".

Diese Verwechselbarkeit wollte sich eine große Burgerkette zunutze machen. Sie machte im Jahre 2017 dem damaligen deutschen Bundespräsidenten Gauck das Angebot, einen Werbespot mit ihm zu gestalten. Gauck sollte unmittelbar nach Ende seiner Amtszeit eine Rede „An die lieben Börger und Börgerinnen" halten. Inhalt der Rede sollte sein, dass alle guten Dinge zwei Seiten und ein Oben und Unten habe, das Beste aber in der „börgerlichen" Mitte liege.

Das Honorar sollte gemeinnützigen Zwecken zukommen. Gauck lehnte nach kurzer Bedenkzeit und nach „eingehender Beratung durch seinen Stab" ab.

Gegendarstellung: Sie finden diese auf den letzten Seiten im Archiv unter der Registrier-Nummer 0565.

Australien   „**Das macht drei Gallonen Rum!**"

...so oder ähnlich könnte eine Rechnungstellung in den Anfängen der europäischen Besiedlung des australischen Kontinents gelautet haben. In Ermangelung einer anerkannten Geldwährung handelte man um 1800 in Sydney mit Naturalien. Und die anerkannteste Naturalie war Rum. Rum war überall in Handel und Arbeitswelt zu finden: Arbeiter wurden in Rum-Gallonen bezahlt, für ein „Pinneken" konnte man ein Theater besuchen und Belohnungen wurden in Rum angegeben. Das örtliche Krankenhaus hieß im Volksmund „Rum Hospital", weil es in der Währung Rum finanziert wurde. Selbst der Bau einer Kirche wurde teilweise in Rum bezahlt.

Es gab sogar einen größeren Aufstand in „The Rocks", dem ältesten Quartier Sydneys, als der Gouverneur den Handel mit dem Schnaps untersagte. Es kam zur sogenannten „Rum Rebellion".

Erst Governor Macquarie beendete die Rum- Währung. Indem er Rum verbot? Nein, eine seiner erfolgreichen Maßnahmen war, dass er für mehr Rum auf dem Markt sorgte. Das führte zur Inflationierung dieser in der Geschichte einmaligen Währung.

Wracks   **Schiff gefunden**

Die Iren staunten nicht schlecht, als sie 2020 nach Abzug eines Wintersturms an ihrer Südküste einen herrenlosen Frachter vorfanden. An Bord des knapp 80 Meter langen

Schiffes befand sich kein Mensch, es gab keine Spur von einer Crew. Man fand dann heraus, dass es sich bei der Fundsache um das Geisterschiff MV Alta handelte. Die Crew der MV Alta war, wie sich herausstellte, 17 Monate zuvor wegen eines auf See irreparablen Motorschadens mitten auf dem Atlantik zwischen Afrika und den Bahamas ausgeschifft worden. Dann wird es geisterhaft um das Schiff, von einem Abschleppversuch nach Guyana ist die Rede, von einer anschließenden Kaperung ... Schließlich trieb der Stahlkoloss, der unter tanzanischer Flagge fährt, herrenlos durch den Atlantik, bis er schließlich Tausende von Meilen später auf die irische Küste auflief.

Das Problem der Iren mit der stählernen Fundsache ist, dass deren Eigentümer genauso geisterhaft ist wie das Schiff und bisher noch nicht ausfindig gemacht werden konnte. Die Chancen darauf sind auch schlecht: Der Schrottwert beträgt nur einen Bruchteil der Bergungskosten.

Mittelalter   **Ein Märchenschloss**

Am Rande der bayerischen Alpen erhebt sich eindrucksvoll eine der beliebtesten Touristenattraktionen Europas: die Burg Neuschwanstein. Im Mittelalter war sie Sitz der bayerischen Könige und aufgrund ihrer Lage und ihrer trutzigen Mauern eine fast uneinnehmbare Festung. Heute lockt sie nicht nur historisch interessierte Besucher an, sondern auch Scharen von Touristen, die sich einfach an der märchenhaft anmutenden architektonischen Schönheit des Gebäudes erfreuen.

Gegendarstellung: Sie finden diese auf den letzten Seiten im Archiv unter der Registrier-Nummer 1452.

Wissen   **Archiv am Meeresgrund**

Archive sind der Wissensspeicher der Menschheit und der Fundus, aus dem heraus wir Gegenwart und Zukunft gestalten können. Die Geschichte ganzer Staaten und Völker, Fakten über Organisationen jeder Art und die Biografien hunderttausender Menschen findet sich in den Archiven der Welt. Ein einmaliger Schatz, der bei Verlusten etwa durch Brände oder Zerstörung in Kriegen unwiederbringlich verloren gehen kann. Dementsprechend werden die Bestände mit großem Aufwand gesichert.

Das niederländische Staatsarchiv hat dabei einen besonderen Weg gefunden. Die Schätze des Archivs wurden digitalisiert und ein seefester Behälter mit den Datenträgern an einem Ort vor den Antillen, dessen genaue Koordinaten geheim sind, im Meer versenkt. Da ruhen sie nun, fernab von den Feuersbrünsten und Kriegen dieser Welt und, wie die Experten versichern, erdbebensicher.

Raumfahrt   **Schrank leer**

Das war ein ärgerlicher Tag für Anne: Sie musste den seit langem verabredeten Spaziergang mit ihrer Kollegin Christina absagen. Sie hatte einfach nichts Passendes zum Anziehen!

Was wie eine Klamotte aus der Kiste der Blondinenwitze klingt, hat tatsächlich eine historische Dimension. Besser gesagt, es hätte ein historischer Tag werden sollen, scheiterte aber an der Kleidergröße. Der geplante Spaziergang fand nämlich nicht im Stadtpark, sondern in der Erdumlaufbahn statt und war eigentlich ein anstrengender Arbeitseinsatz. (Die Bezeichnung „Weltraumspaziergang" ist da sehr verniedlichend.) Es sollte der erste durch zwei weibliche Astronauten durchgeführte Einsatz dieser Art sein.

Leider hatte jemand – wahrscheinlich ein Mann – beim Beladen des Raumschiffes für Anne einen Raumanzug der Größe L eingepackt – zu groß für Anne, die Konfektionsgröße M trägt. So musste Christina den geplanten Spaziergang mit einem männlichen Kollegen durchführen.

Unfallverhütung **Achtung, Lebensgefahr!**

Vermutlich kennen Sie den § 823 des deutschen Zivilrechts BGB nicht. Dieser Paragraf regelt in Verbindung mit der einschlägigen Unfallverhütungsvorschrift UVV 4.7, §7 sowie der Richtlinie 10/2000 die Grabsteinrüttelpflicht in Deutschland.

Dieser Pflicht ist einmal pro Jahr nachzukommen, und zwar im Anschluss an die Frostperiode. Die Hinterbliebenen dürfen allerdings unter keinen Umständen selbst rütteln. Die Arbeit wird von Fachbetrieben ausgeführt, die dazu maschinelle Grabsteinrüttler, sogenannte Kipptester, in zwei Größen einsetzen: Bis zu einer Grabsteinhöhe von 70 cm wird mit 300 N gerüttelt, größere Denkmäler müssen 500 N verkraften.

Dass diese Arbeit wichtig ist, zeigt die Tatsache, dass es immer wieder zu, manchmal auch tödlichen Unfällen durch umkippende Grabsteine kommt. Darunter war 2018 auch ein vierjähriges Kind.

Gegendarstellung: Sie finden diese auf den letzten Seiten im Archiv unter der Registrier-Nummer 0417.

Erosion   **Dänemark wandert**

Der Zahn der Zeit nagt an dem kleinen Land zwischen Nord- und Ostsee. Ein wässeriger, ein salziger, ein stürmischer Zahn ist es, der im Westen an dem Land nagt und es jährlich, Meter um Meter abbröckeln und im Meer versinken lässt. Inzwischen besitzen viele Dänen Grundstücke, die früher einmal über den begehrten Zugang zum Meer verfügten, sich mittlerweile aber in Unterwasser-Grundstücke ohne Landzugang verwandelt haben. Kurioserweise kassiert der Staat für diese untergegangenen Welten noch mehrere Jahre lang Grundstückssteuer.

Apropos "versinken": Das abgebrochene Land mit dem im Meer versunkenen Sand bringt der Wind nach kurzer Zeit in Gestalt vieler kleiner Körner zurück an Land, häuft ihn zu Dünen und langfristig, ganz langfristig verfrachtet er so Stückchen für Stückchen Dänemark West nach Dänemark Ost und baut dort neu an. Dänemark ist also in einer ewigen Wanderschaft begriffen.

Mathematik   **Nerd-Town**

Das Bildungsministerium in Südkorea will für die Schüler des Landes den Mathematikunterricht anschaulicher gestalten. Deshalb wird derzeit westlich von Seoul an der Math-City gebaut: Der Grundriss sowie die Gebäude wurden nach mathematischen Gesetzmäßigkeiten designet. An einen Marktplatz in der Form eines rechtwinkligen Dreiecks z.B. schließen sich drei Wohnblocks auf einer Fläche an, die - getreu nach dem Satz des Pythagoras - im Quadrat der jeweiligen Dreiecksseite berechnet wurden. In dem Quartier sollen Klassenfahrten und Ferienlager angeboten werden, dabei werden auf die Schüler überall Rechenaufgaben warten. Als „Währung" in der Math-City sind Rechenleistungen angedacht. So „bezahlt" man die Eintrittskarte für das Kino, indem man eine quadratische Gleichung löst. Wer von den älteren Schülern ein alkoholisches Getränk möchte, muss zunächst das Volumen der Trinkgläser per Integralrechnung lösen. Die Bildungspolitiker versprechen sich von der Gleichung Freizeit= Mathematik eine größere Begeisterung für das Fach. Bei wieviel Prozent der Schüler das allerdings tatsächlich Anklang findet, muss wohl noch errechnet werden.

Polygamie   **Vier Frauen, 23 Kinder**

Mit dem Bürgerkrieg in Syrien und der folgenden Flüchtlingsbewegung nach Europa wurde auch das deutsche Sozialrecht vor bis dahin unbekannte Probleme gestellt. Ein syrischer Geschäftsmann kam mit einem Gefolge von vier Frauen und 22 seiner 23 Kinder in die deutsche Provinz. Da die Frauen sich untereinander nicht gut verstehen, waren zunächst vier große Wohnungen zu stellen. Seine Religion verlange, dass er alle vier Familien regelmäßig besuche und sich um seine Kinder kümmere, was nach eigener Aussage des Mannes zur Folge habe, dass für eine Arbeitsaufnahme kaum Zeit sei.

Die Angaben über die Kosten für den deutschen Steuerzahler schwanken zwischen 10.000 und 30.000 € monatlich.

Gegendarstellung: Sie finden diese auf den letzten Seiten im Archiv unter der Registrier-Nummer 1518.

SchulApp **Aufsichtspflicht**

Aus Russland stammen viele Sportler und Künstler, die ihren Weg durch eine sehr hohe Disziplin und Anstrengungsbereitschaft erfordernde Ausbildung gemacht haben. Schachspieler, Eiskunstläufer, Balletttänzer seien als Beispiel genannt. Sie alle haben Jahre ihres Lebens unter den Augen ihrer fürsorglichen, aber auch bekannt strengen Eltern beim Training zugebracht.

In dieser Tradition der Strenge in der Ausbildung steht nun auch eine Smartphone-App, die Moskauer Eltern von der Schule ihrer Kinder zur Verfügung gestellt wird. Nicht nur, dass die App mitteilt, wann ihr Sprössling die Schule betreten und verlassen hat, nein, die Eltern erfahren, was in den einzelnen Stunden behandelt wurde und welche Leistungsbeurteilung der Lehrer abgegeben hat.

Für den Autor dieser Zeilen wäre eine solche App ein Gräuel gewesen. Aber wer weiß, vielleicht wäre mit App-Unterstützung etwas aus ihm geworden...

Auktion **Ikonisches Rindvieh**

Die Versteigerung von zweijährigen Jungkühen auf der Royal Canadian Holstein Show in Ontario wurde 2017 von einer ungewöhnlichen Aufmerksamkeit begleitet. Viele Nicht-Fachbesucher waren zu dem Ereignis aus den USA und sogar aus Übersee angereist. Grund für diese Aufmerksamkeit war die Jungkuh Mathild der Rasse Holstein-Frisian. Ihr Besitzer Buff Macintosh hatte bemerkt, dass die überwiegend weiße

Kuh mittig auf ihrer rechten Körperseite eine große schwarze Fellzeichnung aufwies. Das wäre nichts Ungewöhnliches, in Mathildes Fall hatte die Zeichnung aber die deutliche Form einer geballten Faust mit hochgerecktem Mittelfinger. Macintosh hatte das Potenzial erkannt und eine Internet-Werbeaktion gestartet, die sich nun auszahlte: Mathild ging nach heftigem Bieten für das Zweiundzwanzigfache eines üblichen Preises über den Auktionstisch und wurde anschließend nach China transportiert, wo sie inzwischen ein großer Werbestar ist.

Gebräuche   **Schweine ohne Flügel**

Der Karneval in Venedig gehört zu den ältesten Gebräuchen in Europa. Er geht bis ins 12. Jahrhundert zurück und ist damit vielleicht das älteste Volksfest der Welt. Jährlich ab Weihnachten wird der Karneval als letzte große Ausschweifung vor der auf ihn folgenden Fastenzeit zelebriert.

In Venedig war der historische Karneval auch immer ein Zurschaustellen der Macht und des Reichtums der Stadt. Gelegentlich übertrieben es die Venezianer nach unserem heutigen Geschmack damit etwas. So wurde ein tributpflichtiger Fürst, der der Stadt Schweine und anderes Vieh als Tribut liefern musste, in einem grässlichen Brauch verhöhnt. Die von ihm gelieferten Schweine wurden im Verlaufe der Feierlichkeiten lebend aus den Fenstern des Campanile, der knapp hundert Meter hoch ist, auf den Markusplatz geworfen.

Gegendarstellung: Sie finden diese auf den letzten Seiten im Archiv unter der Registrier-Nummer 0734.

Datum **Ein verlorener Tag**

Mitten durch die Wasserwüsten des Pazifischen Ozeans und genau „gegenüber" von London verläuft der 180. Breitengrad - und mit ihm die Datumsgrenze. Wer mal einen Tag „auslassen" will, muss diese Linie nur in Richtung Westen überqueren.

Vorgemacht hat diesen Tanz auf der Datumsgrenze schon zweimal der Inselstaat Samoa, durch den der 180te verläuft. 1892 „gewann" man einen Tag, man hüpfte von West nach Ost, weil man das gleiche Datum wie die Vereinigten Staaten haben wollte.

Da sich die Handelsbeziehungen Samoas mittlerweile eher nach Westen, also Australien und Neuseeland, ausrichten, sprang man 2011 wieder zurück und „verlor" einen Tag.

Für Hunderte Insulaner fiel die Geburtstagsfeier aus, Unternehmer murrten, weil der ausgefallene Arbeitstag trotzdem bezahlt werden musste. Besonders bitter wurde es für die Sieben-Tage-Adventisten, denen ihr 7. Tag, der Freitag, ausfiel. Sie führten Gottes Unwillen über die Regelung an, machten den Datums- und Wochentagswechsel nicht mit und verblieben somit einen Tag voraus östlich der Datumsgrenze.

Weltspartag **Geld kann man nicht essen?**

Eine alte Weisheit der Cree- Indianer besagt, dass man Geld nicht essen kann. Und wenn doch?

Will Daley aus Billiton in New Hampshire schluckte am 30. Oktober 1987 aus Anlass des Weltspartages 127 Dollar in

Münzen. Er gewann damit einen globalen Wettbewerb, dem sich auch der Japaner Okane Taberu gestellt hatte, der aber von Daley auf den zweiten Platz verwiesen wurde.

Der neue Weltrekordler nahm bei der Aktion, die in einer Filiale der Bay Bank in Portland, Oregon, vor einem erstaunten Publikum stattfand, innerhalb von anderthalb Stunden knapp 3 kg zu. Es dauerte drei Wochen und ein unappetitliches Geldzählen, bis alle nicht sofort herausgewürgten Münzen auf einem natürlichen Weg Daleys Körper wieder verlassen hatten.

Ämterhäufung **Ein vielseitiger Politiker**

Gleichzeitig Bundeskanzler und Bundespräsident der Bundesrepublik Deutschland zu sein geht nicht? Doch, es geht und ein Mann hat es bewiesen: Walter Scheel von der kleinen liberalen Partei FDP, die vor und nach ihm noch nie einen Bundeskanzler gestellt hatte, nimmt unter den Politikern der Bundesrepublik Deutschland diese Sonderstellung ein.

Nach dem Rücktritt Willy Brands übernahm er dessen Amt als Bundeskanzler. Kurze Zeit später wurde er zum Bundespräsidenten gewählt. Er war dann genau einen Tag lang sowohl gewählter Bundespräsident als auch amtierender Bundeskanzler. Eine Konstellation, die es weder vorher noch nachher einmal gegeben hat und die das Grundgesetz des Landes eigentlich ausschließt.

Zum Vergleich: Das wäre im Vereinigten Königreich so, als ob die Queen in Personalunion auch Premierministerin wäre.

Gegendarstellung: Sie finden diese auf den letzten Seiten im Archiv unter der Registrier-Nummer 1698.

Energie   **Strampeln gegen Stromkosten**

Ein völlig neues Energiekonzept hat das kleine Fitnessstudio Jinli Wei in Taipeh entwickelt. Warum die ganze durch die Trainierenden aufgewendete Energie an irgendwelche Gewichte und Widerstände sinnlos verschwenden, dachte sich der Inhaber Dian Gong und schloss alle Geräte nach und nach an stromerzeugende Dynamos an. So kommt beim Spinning auf den Trainingsrädern der altbekannte Fahrraddynamo zum Einsatz und die Hantelstangen werden nicht mehr mit Gewichtsscheiben beschwert, sondern sind an den Enden durch Drahtseile mit im Boden eingelassenen Generatoren verbunden. „Inzwischen schaffen wir es, uns in zehn Monaten des Jahres komplett selbst mit Strom zu versorgen", so Dian. Die Kunden machen gerne mit, je nach nachgewiesener Wattzahl erhalten Sie einen kleinen Bonus auf den Mitgliedsbeitrag und die fleißigsten Strampler und Hantelwuchter messen sich in einer clubinternen Meisterschaft.

Vorahnung   **Des Lehrers Prophezeiung**

Bezüglich der Person des 45. amerikanischen Präsidenten Donald Trump scheidet sich die Bevölkerung der USA und der übrigen Welt in glühende Verehrer und in heftige Kritiker. Letzteren trat nun ein ehemaliger Mitschüler Trumps entgegen.

Innerhalb der Lehrerschaft der Kew-Forest School in Queens, die der junge Donald besuchte, seien nicht nur den

Mitschülern, sondern auch den Lehrern schon früh die besonderen Begabungen des späteren Präsidenten als Vermittler in Konfliktsituationen aufgefallen, so berichtet Mark T. Schon der kleine Donald habe Führungsqualitäten bewiesen, bei Streitigkeiten unter Mitschülern habe er sich immer „sehr diplomatisch" um Schlichtung bemüht. Einen der Lehrer habe er einmal, so Mark T., sagen hören: „So einen bräuchten wir mal im Weißen Haus, dann ginge es Amerika besser."

Beamte   **Lauschiges Plätzchen**

Ganz in der Nähe des neuen Berliner Hauptbahnhofes, einem Ort hektischen Kommen und Gehens, befindet sich der Berliner Beamtenfriedhof. Angelegt wurde er für die Staatsdiener bereits in der Mitte des 19. Jahrhunderts als Teil eines großangelegten Gefängnisneubaus. Warum die im Gefängnis tätigen Staatsbeamten auf dem Gefängnisareal beigesetzt werden mussten, ist nicht ganz klar. Offenbar war es aber unabdingbar, dass Wärter und Gefangene auch nach dem Tode getrennt bleiben mussten. Als das Gefängnis viele Jahrzehnte später aufgegeben wurde, wurde auch der Strafgefangenen-Friedhof eingeebnet. Nur die Beamten behielten das Privileg, weiter an diesem Ort ruhen zu dürfen. Und so bildet der Beamtenfriedhof genannte Gottesacker umsäumt von einem schlichten schmiedeeisernen Zaun und geschmückt von verschiedenen Laubbäumen noch heute eine grüne Oase inmitten emsiger Betriebsamkeit.

Gegendarstellung: Sie finden diese auf den letzten Seiten im Archiv unter der Registrier-Nummer 0850.

Luftfahrt   **Luxus in der Luft**

Die Luftfahrt wurde im Jahr 2020 durch die Corona-Pandemie in eine tiefe Krise gestürzt. Die chinesische All Eastern Airline (AEA) wurde dabei in doppelter Hinsicht auf den Boden der Tatsachen zurückgeholt. Im Ranking der renommiertesten Airlines weit hinten platziert, beschloss die Airline-Führung Ende 2019 in Anlehnung an Mao Tse Tungs „Großen Sprung nach vorne" ein Investitionsprogramm mit dem Titel „Großer Sprung nach oben". Das Programm sah eine Konzentration auf das „Luxus-Luxus-Segment" vor. Die Airbus-Flugzeuge der Gruppe sollten nicht nur mit Louis-Vutton-Boutique, Sternerestaurant, einem Friseur- und Kosmetiksalon sowie Massageinstitut ausgestattet werden, sogar ein zwölf Meter langer Swimmingpool wurde erwogen. Aus technischen Gründen entschied man sich schließlich dafür, es bei einem Whirlpool in Spezialanfertigung mit Anschnallgurten zu belassen.

Dass es zur Realisierung des Programms nicht gekommen ist, zeigt, dass auch eine Pandemie ihr Gutes haben kann.

Lingua franca   **Doremifasollasido**

Dass Musik eine universelle Sprache ist, wurde als Metapher schon immer gerne behauptet. Im 19. Jahrhundert aber wurde diese, eher auf den emotionalen Gleichklang unter den Zuhörenden Bezug nehmende Aussage ganz konkret in die Universalsprache Solresol umgesetzt. Solresol nimmt die italienischen Tonbezeichnungen von Do bis Si als Basis und formt daraus eine eigene Wortbildungslehre und Grammatik. So bedeutet das Wort „fala" gut, um das Gegenteil aus – zudrücken, also das Wort „schlecht", werden die Silben zu lafa umgedreht. Sehr praktisch ist es, dass man auf die Art auch Informationen austauschen kann, indem man sich auf der Geige die entsprechenden Töne vorspielt. Ein Sprecher, der die Nachrichten im Radio mittels Blockflöte verkündet, wäre mit Solresol ebenfalls möglich. Vom musikalischen Wert her wäre eine solche Sendung aber wohl eher zweifelhaft, was auch der Grund dafür sein könnte, dass heutzutage niemand mehr die universelle Sprache Solresol spricht.

App   **Torwartverleih**

Der brasilianische Fußball ist berühmt für seinen attraktiven Offensivfußball, die Defensive dagegen gilt eher als notwendiges Übel für einen Spieler. Und völlig unattraktiv für einen brasilianischen Fußballer ist es, sich ins Tor zu stellen und damit von Offensivaktionen gänzlich ausgeschlossen zu sein. Wer sich allerdings in Brasilien bereitfindet, sich als Torwart zu betätigen, kann bereits als Hobbykicker zum Profi werden. Selbst Freizeitmannschaften sind bereit, für einen Torwart zu bezahlen.

So tingeln die Hobbytorwarte am Wochenende von einem Spiel zum anderen und bessern ihre Kasse auf. Und da der Bedarf groß ist, haben zwei junge Entrepreneurs jetzt eine App auf den Markt gebracht. Name: Keeper for Rent – Torwart zu vermieten.

Gegendarstellung: Sie finden diese auf den letzten Seiten im Archiv unter der Registrier-Nummer 0257.

Royalty   **Schmieröl an königlichen Fingern**

Kann man sich die englische Königin Queen Elizabeth in einem Blaumann, mit ölverschmierten Händen und "Trauerrändern" unter den Fingernägeln vorstellen? Kaum — und doch gab es eine Zeit in ihrem Leben, in der das die Regel war. Gegen Ende des 2. Weltkriegs wollte sie unbedingt die Armee Englands in ihrem Kampf gegen die Deutschen unterstützen. In ihrem Bestreben, ihrem Land zu dienen, drängte sie als gerade volljährig gewordene Prinzessin den König, ihrem Einsatz beim Auxiliary Territorial Service zuzustimmen. Dem König widerstrebte das, doch schließlich setzte sich die junge Prinzessin durch. Von da an wurde sie bei den Hilfstruppen als Automechanikerin ausgebildet, lernte Lastwagen und Krankenwagen zu fahren und schraubte an Motoren herum. Laut Zeitgenossen soll sie die Arbeit – einschließlich der verschmierten Hände — geliebt haben. Wenn Sie also mal Probleme mit Ihrem Auto haben: Fragen Sie die Queen um Rat!

Ethnologie   **Mal andersrum betrachtet**

In den 1910er-Jahren schloss sich der polynesische Häuptling Tuiavii aus Samoa einer Völkerschau-Truppe an, die auf eine mehrwöchige Tournee durch Europa ging. Tuiavii schrieb auf dieser Reise alles, was er sah, in seinem Reisebericht „Der Papalagi" für die Landsleute auf seiner Heimatinsel Upolu auf. Sein Anliegen war es, auf die

Schattenseiten der westlich-europäischen Lebensweise hinzuweisen und die Polynesier zu einem Festhalten an ihrer eigenen Kultur zu bewegen. Auf diese Art kam eine faszinierende Darstellung der westlichen Lebensweise jener Zeit zustande, die den Forschern und Ethnologen, die es ja gewohnt waren, exotische Lebensweisen hochwissenschaftlich zu dokumentieren und zu diskutieren, ein Spiegelbild ihrer eigenen Kultur vorhielt. Einer dieser Forscher veröffentlichte diese Reden ohne Wissen und Zustimmung Tuiaviis in Europa, wo das Bändchen „Der Papalagi" ein Millionenerfolg wurde.

Hühnerkunde **An ihren Ohren sollt ihr sie erkennen**

Manchmal ist die Farbe der Verpackung für den Konsumenten von Bedeutung. So gibt es Menschen, denen Bier aus grünen Flaschen einfach nicht schmecken will, obwohl die Farbe der Flasche nachweislich keinerlei Auswirkungen auf den Geschmack hat.

Auch beim Frühstücksei gibt es Glaubensfragen, weich oder hart, Ei köpfen oder pellen…

Manche Menschen empfinden braune Eier gegenüber weißen als weniger appetitlich, obwohl auch dieses nicht der Fall ist. Für diese Menschen haben wir aber einen Tipp. Kaufen Sie sich Hühner mit weißen Ohrläppchen, die legen weiße Eier. Falls Sie doch eher braune Eier bevorzugen, achten Sie darauf, dass Ihre Hühner rote Ohrläppchen haben. Die Farbe des Gefieders ist dagegen für die Schalenfarbe nicht von Bedeutung.

Gegendarstellung: Sie finden diese auf den letzten Seiten im Archiv unter der Registrier-Nummer 1382.

Demokratie   **Ein Bruchteil Mensch**

Die Vereinigten Staaten von Amerika sind stolz auf ihre
demokratische Tradition und werden von vielen Menschen in
aller Welt dafür bewundert. Dabei hat das ureigenste
Instrument der Demokratie, der Wahlvorgang, in den USA
seine   Schwächen,   wenn   man   Anhänger   des
Gleichheitswahlrechts und des Prinzips „ein Bürger, eine
Stimme" ist: Durch das Wahlmännersystem, das noch zu
Postkutschenzeiten entworfen wurde, hat die Stimme eines
Bürgers in den kleinen Staaten mehr Gewicht als die Stimme
beispielsweise eines kalifornischen Bürgers.

Zu Beginn dieses Systems war die Ungleichheit noch größer:
Da die Bevölkerungsgröße eines Bundesstaates maßgeblich
für die Anzahl der Wahlmänner und damit für das Gewicht im
Wahlvorgang sein sollte, stellte sich die Frage, ob die Sklaven
der Südstaaten als „Bevölkerung" zählten. Man einigte sich
schließlich darauf, dass ein Sklave zu drei Fünftel als Mensch
und mit diesem Bruchteil zur Bevölkerung zählte.

Astrophysik   **Unklare Lichtverhältnisse**

Die Naturwissenschaft zieht ihre Bedeutung aus der
Tatsache, dass sie in der Natur beobachtbare Erscheinungen
erklären und einordnen kann. Manchmal aber steht sie Dingen
hilf- und ratlos gegenüber.

Ein   ganz   besonderes   Rätsel   blieben   bis   heute
Lichterscheinungen aus dem Jahre 1928, als über den
kapverdischen Inseln, die westlich von Afrika im Atlantik

gelegen sind, am sommerlichen Nachthimmel grünlich fahle Lichterscheinungen aufleuchteten. Diese Art von Nachtlichtern war nicht unbekannt, sie kommen aber normalerweise nur sehr weit nördlich vor und heißen deshalb Polarlichter. Ersten Berichten wurde deswegen auch kein Glauben geschenkt, obwohl die Lichter die Eingeborenen in Angst und Schrecken versetzten und die Regierung schließlich veranlassten, drei renommierte Wissenschaftler ins Land zu holen, um dem Aberglauben der Eingeborenen eine wissenschaftliche Erklärung entgegenzusetzen.

Unter der Leitung des russischen Polarforschers Pjotr Iljanow gelang es auch, die Lichterscheinungen zu dokumentieren, eine Erklärung für dieses nur wenige Wochen andauernde Naturphänomen steht aber bis heute aus. Das Fotomaterial aus den Kapverden liegt heute im astrophysikalischen Institut der Universität Moskau und harrt seiner Auswertung.

Cineastik   **Mann gegen Känguru**

Einer der kuriosesten Filme überhaupt entstand in den frühesten Anfängen der Filmgeschichte. Der Kurzfilm wurde bereits 1895 uraufgeführt und zeigt ein australisches Riesenkänguru, das ausgerüstet mit Boxhandschuhen und einem Brustgeschirr mit einem Mann kämpft. Der Boxkampf geht zwischendurch in Freistilringen über, aber es war ja nicht der Sport, der die Zuschauer ins Varieté lockte. Wer den hin- und herwogenden Kampf gewonnen hat, wird in den 17 Sekunden übrigens nicht klar. Die Filmemacherei steckte ja noch in den Kinderschuhen…

Gegendarstellung: Sie finden diese auf den letzten Seiten im Archiv unter der Registrier-Nummer 0449.

Silvester   **Eine wiederverwendbare Rede**

Die Deutschen, die am Silvesterabend des Jahres 1986 den größten deutschen Fernsehsender ARD eingeschaltet hatten, um dem Ausblick ihres Bundeskanzlers auf das Jahr 1987 zu folgen, staunten nicht schlecht: Noch eine Steuerreform? Die letzte war doch gerade ein Jahr alt. Warum die ganzen Rückblicke auf das Jahr 1985? Gorbatschow und Reagan in Genf — lange her. Dann die guten Wünsche für das gerade abgelaufene Jahr 1986 … Da dämmerte es auch dem letzten Bowle schlürfenden Mitbürger: Die ARD hatte die Rede vom Vorjahr gesendet. Immerhin bleibt festzustellen, dass der größte Teil der Rede durchaus wiederverwendbar war und seine Floskeln nicht nur 1987, sondern vermutlich jedes Jahr neu gesendet werden könnten, ohne dass dies auffiele. Man müsste eben nur die Jahreszahl anpassen. Vielleicht durch ein Nummerngirl, das vor dem Kanzler durchs Bild huscht…

Kulturschock   **Ford-City im Dschungel**

Wenn jemand sehr viel Geld hat, dann überkommt ihn manchmal der Drang, mit dem Geld eine ganz persönliche Mission zu starten. Und in vielen Fällen: Außer hehre Werte zu befördern, nebenbei noch mehr Geld zu machen!

Vorbild für manchen heutigen Milliardär könnte Henry Ford sein, der allerdings vorrangig wirtschaftliche Interessen, nämlich Kautschuk für seine Autoreifen, im Sinn hatte, als er 1928 tief im Amazonasgebiet seine Musterstadt Fordlandia bauen ließ. Warum aber den Anbau des Kautschuk nicht mit dem Export des American way of life verbinden? Und so beglückte Ford die bis zu 8000 brasilianischen Plantagenarbeiter mitten im Amazonasurwald mit der Idylle einer amerikanischen Musterstadt: Häuschen mit Vorgärten an schachbrettartig angelegten Straßen, ein zentraler Platz mit Springbrunnen und Denkmal eines Kautschukarbeiters, dazu ein Schwimmbad.

Vermutlich war es nicht die Architektur, die die Arbeiter 1930 auf die Barrikaden steigen ließ. Aber amerikanisches Essen mit Burgern und Spinat war eine Zumutung, amerikanische Musik, auch der Zapfenstreich per Glockenschlag, mit dem die Menschen schlafen geschickt wurden, dazu die amerikanische Prüderie, die den meist unverheirateten männlichen Bewohnern der Stadt nicht nur ein Bordell vorenthielt, ja sogar das Rauchen und den Alkohol verbot. Das war zu viel der amerikanischen Beglückung und so zerschellte der Export des amerikanischen Traums 1945 endgültig an der brasilianischen Lebensfreude.

Ernährung   **Zartrosa**

Wie Forscher der Universität Taipeh herausgefunden haben, wirkt sich die Art der Ernährung auf die Tönung der Haut aus. Mehrjähriger Alkoholgenuss hat auch noch nach jahrzehntelanger Abstinenz dunkle Rottöne im Teint zur Folge. Wer viel Käse isst, muss mit einer olivfarbenen Tönung rechnen und ausgiebiger Genuss von Schweinefleisch hinterlässt - wen wundert's - nachweislich ein frisches Rosa.

Gegendarstellung: Sie finden diese auf den letzten Seiten im Archiv unter der Registrier-Nummer 1261.

Christentum   **Zweimal vor Gott**

1962 heiratete die griechische Prinzessin Sophia mit großem Pomp in Athen den spanischen Thronfolger Juan Carlos. Eigentlich vermählten sich die beiden an diesem Tag sogar zweimal, es handelte sich quasi um eine Doppelhochzeit der besonderen Art: Erst das Ganze auf katholisch, dann ging es zwei Stunden später in ein orthodoxes Gotteshaus, wo noch einmal „Ja" gesagt werden musste.

Wie viele Religionen ist auch das Christentum in diverse Konfessionen und Richtungen zersplittert. Dabei geht es oft um für den Normalgläubigen geringfügige Glaubensinhalte, bei königlichen Hochzeiten spielt aber auch die Politik mit hinein. Der damalige spanische Diktator Franco hatte die Verbindung des Königs mit der „religionsfremden" Sophia in dem streng katholischen Land eigentlich aus religiösen Gründen abgelehnt. Die Doppelhochzeit war insofern ein Kompromiss, von dem der einfache Spanier aber nichts mitbekam: Im spanischen Fernsehen kam nur der katholische Teil der Feier vor, der „abtrünnige" orthodoxe Teil wurde den Untertanen unterschlagen.

Akupunktur   **Der mongolische Pferdepiekser**

Mori   Khatgakh   ist   ein   vielbeschäftigter   Mann. Ursprünglich aus China stammend lebt der 43-Jährige schon seit Langem in einem mongolischen Dorf, nicht weit von Ulan Bator gelegen. In China hat er zwei Jahre Tiermedizin studiert, bevor er sich auf das Heilen mittels Akupunktur spezialisierte. Das Besondere an ihm ist, dass er diese Technik bei Tieren anwendet. Besonders bei Pferden erwies sich das Verfahren als erfolgreich und so bringen nun Pferdebesitzer aus der ganzen Mongolei ihre Pferde, die häufig unter Verspannungen im Rückenbereich oder Koliken leiden, in Kathgacks Pferdeklinik. Natürlich sind die beim Menschen gebräuchlichen Nadeln nur selten einsetzbar, sodass Mori die Technik weiterentwickeln musste. „Als besonders passend", sagt Mori, „haben sich ganz normale Schaschlikspieße erwiesen."

Alkohol   **Strenge Sitten**

Die Zeit der Prohibition in den USA mag lange vorbei sein, aber auf das Thema Alkohol haben amerikanische Stadtväter, zum Beispiel in Lexington / Kentucky, noch immer ein wachsames Auge. So müssen dort Alkoholverkaufsstellen eine Tür aus Klarglas haben. Der Blick von der Straße auf die Durstigen darf auch nicht durch Regale, Vorhänge oder Ähnlichem verstellt sein.

Auch an „gewohnheitsmäßige Säufer", die es versäumen, ihre Familien zu ernähren, ist in den städtischen Gesetzen gedacht: Ihnen drohen drakonische Strafen von mindestens zehn, aber nicht mehr als hundert Dollar.

Gegendarstellung: Sie finden diese auf den letzten Seiten im Archiv unter der Registrier-Nummer 0886.

Sinnesorgane   **Ein Mensch mit lauter Unbekannten**

Das ist Ihnen auch schon passiert: Ein Bekannter begegnet Ihnen auf der Straße und läuft, ohne zu grüßen, an Ihnen vorbei. Wahrscheinlich war er nur in Gedanken versunken, vielleicht gehört er aber auch zu den cirka zwei Prozent der Bevölkerung, die unter einer sehr speziellen Teilleistungsschwäche leiden: Diese Menschen können sich keine Gesichter merken. Wenn sie über die Straßen gehen, sind sie selbst in ihrer Heimatstadt immer von Unbekannten umgeben. Diese Gesichtserkennungsschwäche ist keinesfalls mit Autismus oder dem Alzheimer- Syndrom zu verwechseln. Betroffene können sehr wohl Gefühlsäußerungen aus der Mimik des Gegenübers ablesen und ihr Gedächtnis funktioniert ansonsten einwandfrei. Nur dumm, dass sie beim Spazierengehen nie einen Bekannten treffen...

Bautechnik   **Häuschen, Häuschen du musst wandern**

Für viele Ferienhausbesitzer an der dänischen Nordseeküste wird das Ende ihres Geschäftes bald gekommen sein. Ihre Anlagen standen bei ihrem Bau vor wenigen Jahrzehnten noch auf sicherem Grund, viele Meter von der westlichen Steilküste Dänemarks entfernt. Mittlerweile hat sich das Meer vorgearbeitet, es nagt an der Küste und führt zu Abbrüchen der Kante. Ganze Ferienwohnanlagen stehen jetzt zu nah am Abgrund und dürfen nicht mehr benutzt werden, weil ihr baldiger Sturz, 50 Meter ins Meer hinunter, jetzt unausweichlich ist.

Deshalb schüttelten viele den Kopf, als Kund Hansen vor fünf Jahren sechs neue Ferienhäuser in der Nähe der Kante errichtete. Von dort aus hat man einen wunderbar weiten Blick über das Meer hinaus – solange jedenfalls, wie man sich dort noch aufhalten darf! Die Dorfbewohner staunten nicht schlecht, als Hansen ein Jahr später nach den letzten Winterstürmen mit einigen Monteuren anrückte und innerhalb weniger Tage von allen sechs Häusern die meerseitige Hälfte abmontierte und auf der Rückseite wieder anbaute. Wie sich herausstellte hatte Hansen sich Bauweise, die er "Step-by-Step-Haus" nannte, patentieren lassen. Inzwischen haben sich Hansens Häuser schon viermal jeweils einen Schritt von der Kante wegbewegt, indem die vorderen Hälften landseitig wiederangesetzt wurden. Die Häuser vermieten sich gut und die Kunden loben die Jahr für Jahr gleichbleibend schöne Aussicht auf das Meer.

Karneval	**Schwester mit Humor**

Es ist weitgehend unbekannt, dass der frühere amerikanische Präsident Barrack Obama in der Heimat seines Vaters Kenia eine sehr belesene Halbschwester hat. Auma Obama ist promovierte Germanistin, sie hat deutsche Literatur studiert und in Heidelberg ihren Doktortitel erworben. Dass sie neben Verstand auch über eine gehörige Portion Humor verfügt, bewies sie im Jahre 2019, als sie im Dirndl, der typisch bayerischen Tracht, auf einer Karnevalsveranstaltung im Rheinland vor einem überraschten Publikum eine Büttenrede hielt – natürlich in fehlerfreiem Deutsch.

Gegendarstellung: Sie finden diese auf den letzten Seiten im Archiv unter der Registrier-Nummer 1479.

Käfer   **Schlechte Manieren**

Ganz schlechte Manieren hat die japanische Käferart Pheropsophus jessoensis – sie furzt! Zu ihren Gunsten ist vorzubringen, dass sie sich damit ihrer Feinde erwehrt. Das betrifft vor allem die Bufo japonensis, eine Kröte, die sich gerne an dem Käfer labt. Der Käfer kann zwar das Verschlingen nicht verhindern, doch innerhalb der Kröte, so fanden die Wissenschaftler Shinji Sugiura und Takuya Sato heraus, stößt der Furzkäfer eine „heiße gasförmige Chemikalie" aus. Diese wirkt wie ein Brechmittel auf die Kröte und führt dazu, dass der Käfer mit Schwung und unversehrt zurück in die Freiheit befördert wird.

Apartheid   **Bücher für Walfishbay**

In den 1970er-Jahren kämpfte die namibische Befreiungsfront SWAPO im Südwesten Afrikas gegen die damalige südafrikanische Mandatsregierung und damit gegen die Apartheid in ihrem Land. Überall in der Welt stieß die Politik der Südafrikaner auf heftigen Protest und auch einige junge, engagierte Menschen aus verschiedenen westlichen Ländern wollten ihren Teil zur Befreiung Namibias beitragen. Ihr Plan: Spenden für ein Segelschiff sammeln und mit diesem Boot eine Ladung Bücherspenden – verbotenerweise – in Walfischbay an Land bringen. Das mit den Spenden für Boot und Bücher klappte und bald segelte die „Golden Harvest" mit einer Art Wohngemeinschaft aus hochmotivierten jungen Weltverbesserern als Crew die westafrikanische Küste hinunter. Die subversive Aktion erledigte sich dann allerdings schon weit vor Namibia, weil die Crew sich — wie viele andere WG's dieser Jahre auch – selbst zerlegte und an der Realität und ihren inneren Konflikten auseinanderbrach. Neben politischen und kulturellen Differenzen soll die einzige Frau an Bord dabei eine zentrale Rolle gespielt haben…

Gravitation   **Schwankendes Gewicht!**

Veränderungen des Magnetfeldes der Erde, die durch spezielle Mond-Planeten-Konstellationen hervorgerufen werden, sind zahlreicher als allgemein bekannt. Ins öffentliche Bewusstsein gerufen werden diese Zusammenlänge regelmäßig, wenn die Mondkonstellation an den Küsten zu Springfluten führt.

Das amerikanische Wissenschaftsmagazin „Scope" hat in ihrer Oktoberausgabe nun weitere Beispiele aus dem Alltag aufgeführt. Wussten Sie zum Beispiel, dass ein 80 kg schwerer Mensch bei „Springflutkonstellationen" auf Digitalwaagen bis zu 350 g mehr wiegen kann? Falls das Ihre Gewichtstoleranzen überschreitet, hat „Scope" einen Rat für Sie: Begeben Sie sich einfach auf die Südhalbkugel der Ende, dort können Sie im Idealfall sogar 120 g einsparen.

Gegendarstellung: Sie finden diese auf den letzten Seiten im Archiv unter der Registrier-Nummer 0261.

Smartphones   **Teufelswerk**

Wer moderne Technik und insbesondere Smartphones schon immer als Teufelswerk ansah, kann sich jetzt bestätigt fühlen: Australische Forscher fanden heraus, dass Jugendliche, die häufig auf das Smartphone starren, kleine Hörner am Schädelknochen entwickeln. Diese werden bis zu drei Zentimeter lang, taugen aber nicht wie zum Beispiel Bockshörner zum Einsatz bei Rangeleien mit Rivalen, da sie sich an beiden Seiten das Hinterkopfes befinden. Etwa die Hälfte der untersuchten Jugendlichen wies die satanischen Attribute auf. Inwieweit der Leibhaftige persönlich seine Hände im Spiel hat, wurde nicht untersucht.

Wolkenkratzer   **Wettlauf zum Himmel**

Ab den frühen 70er-Jahren des vergangenen Jahrhunderts bis zum berüchtigten 11. September 2001 prägten die beiden Türme des World Trade Centers maßgeblich die berühmte Silhouette der Stadt New York. Bis in eine Höhe von über 400 Metern ragten sie in den New Yorker Himmel, 110 Etagen mussten die Lifts verbinden.

In den ersten Jahren wurden diese Lifts noch von Liftboys bedient. Der heute 69 Jahre alte Mitch Heaver berichtet in einem Interview mit der Village Post aus dieser Zeit. Als besonders langweilig schildert er die Nachtstunden, in denen die Lifts wegen der Angestellten, die auch nachts arbeiteten, durchgehend bedient werden mussten. Mit seinem Freund, der als Liftboy im zweiten Turm arbeitete, organisierte er dann nächtliche Wettfahrten unter den Liftboys: Nach vorheriger

Absprache nahmen die zwei Kontrahenten im ersten Stock von Turm zu Turm Sichtkontakt auf und rannten gleichzeitig zu ihren zuvor blockierten Lifts. Wer sich zuerst im obersten Stockwerk auf der Besucherterrasse zeigte, gewann die 50 Cents. „Wenn man im 100. Stockwerk von einem Büroangestellten, der runter ins Erdgeschoss wollte, ausgebremst wurde – das war natürlich das Worst-Case-Scenario."

Territorium   **Zwei Felsen im Pazifik**

Land unter in Japan? Das asiatische Land bangt um zwei kleine Felsen 1700 Kilometer südlich von Tokyo, nahe den Philippinen. Die „Entfernte Vogelinsel" genannten Blöcke gehören zu einem Unterwasser-Atoll, das an zwei Stellen bei Flut über den Meeresspiegel hinausragt. Das Nordinselchen vergrößert dann die Landfläche Japans um gut sechs Quadratmeter, das Westinselchen um keine zwei, zusammen geht es also um weniger als die Fläche eines Kinderzimmers! Diese Fläche droht nun durch Erosion und Anstieg des Meeresspiegels dauerhaft im Pazifik zu verschwinden. Um das zu verhindern, befestigt und erhöht die japanische Regierung seit Jahren mit verschiedenen kostspieligen Baumaßnahmen die Felsen. Wegen der acht Quadratmeter unbewohnbaren Steins? Nein, die Noch-Überwasser-Felsen begründen Japans Anspruch auf 400 000 Quadratkilometer Hoheitsgebiet auf dem Meer, der bei steigendem Meeresspiegel erlöschen würde. Zum Vergleich: Die gesamte Landfläche Japans beträgt lediglich 378.000 Quadratkilometer.

Gegendarstellung: Sie finden diese auf den letzten Seiten im Archiv unter der Registrier-Nummer 1850.

0015   a) Die Welt ist eine Scheibe — Ob die Phönizier tatsächlich um das Kap der guten Hoffnung gesegelt sind, wissen wir nicht gesichert, aber dass die Welt keine Scheibe ist und dass südlich von Afrika bei Fahrtrichtung von Ost nach West die Sonne von rechts, also von Norden scheint, das wissen wir heute besser als Herodot.

b) Nie mehr bücken! — Haben Sie sich am Boden gewunden und schwunghafte Fußbewegungen ausgeführt? Ja? Dann wissen Sie mittlerweile, dass das Vorhaben unmöglich ist und es den jungen Skipworth nie gab.

0017   Premjer Liga — Warum eigentlich nicht? Wenn Spieler grenzüberschreitend gehandelt werden, warum nicht auch ganze Mannschaften? Die Geschichte stimmt zwar nicht, aber unser Sportredakteur wollte die Idee einfach mal unter die Leute bringen.

0097   Stadt in der Badewanne — Vielen empörten Besuchern Venedigs können wir versichern: Das Wasser in der Lagune bleibt salzig. Und Venedig geht jährlich ein Stück weiter unter… wie bisher! Die Badewanne bleibt im Haus und in Venedig alles beim Alten.

0111 Die Sudoku- Schmiede — Glaubte wirklich jemand, dass im digitalen Zeitalter Sudokus Zahl für Zahl von Fabrikarbeitern ausgetüftelt werden? Hier kommt natürlich Kollege Computer zum Einsatz.

0161   Ohrabflachung — Als eifrige Gerichtsmaskenträger, denen von den Haltegummis während der Pandemie oft die Ohren schmerzten, halten wir ein durch das Virus verursachtes höheres Aufkommen von Segelohren für möglich. Aber es fehlen entsprechende Nachweise, also gilt zurzeit noch: Fakenews!

0172 Saubere Leistung, ihr Pharaonen! — Wasser durch den Schornstein? Die alten Ägypter waren doch nicht blöd! Sie hatten doch den Nil vor der Haustür?

0195 Geht auch! — Gegendarstellung von unserem Leser Bobby B.: „Das glauben Sie doch selbst nicht! Wer hat Ihnen das erzählt? Eher gehen wir ins Pub als einem Rugby-Ei hinterherzuspringen."

0239 Auf und davon — Der Mensch kann nicht fliegen und eine Hollywoodschaukel ist kein Fluggerät – nicht einmal im großartigen Decatur, Illinois.

0257_Luxus in der Luft — Wir mögen die Idee, dass ein paar stinkreiche Luxuspassagiere angeschnallt im Whirlpool sitzen. Aber so weit ist es noch nicht gekommen.

0261 Schwankendes Gewicht! — Den Ausflug über den Äquator können Sie sich sparen, wenn Sie Ihrem Übergewicht zu Leibe rücken wollen. Und wenn Sie 350 g zu viel wiegen, machen Sie bitte nicht den Mond dafür verantwortlich!

0299 Para-Pferderennen — Traurig für alle Pferde mit Huf-Prothese: Die Geschichte ist ein Fake, aber eines Tages wird ein „Substitute" irgendwo auf der Welt mal Vorletzter in einem Rennen werden. Die Redaktion ist sich da sicher!

Archiv Gegendarstellungen

0312   Heilsame Flut   —   Wir hätten es den Somalis gegönnt, aber leider war das nur ein rosaroter Traum. Die Gestirne und Tiefwasser-Ströme haben nicht mitgemacht.

0352   Armes Tier! — Vielleicht tröstet es die alte Dame, dass die ganze Geschichte gar nicht wahr ist.

0417   Archiv am Meeresgrund   —   So ganz sicher ist sich die Redaktion in diesem Fall nicht, immerhin handelt es sich um eine Geheimsache. Da wir aber keine Bestätigung finden können, behandeln wir als seriöse Redaktion diese Nachricht vorsorglich als Fake.

0449   Unklare Lichtverhältnisse   —   Schöne Geschichte, aber die Naturwissenschaft hat wie immer recht: Polarlichter gibt — und gab! — es immer nur im hohen Norden und nicht am Äquator.

0463 Vom Pferd getreten — Ein sehr bedauerlicher Unfall, der aber den Vorteil hat, dass er nie stattgefunden hat.

0500 Canadian Highlife — Ein schöner Zug von CanTrak, aber leider nicht wahr. Schade um diese Geschäftsidee!

0565   Ein unanständiges Angebot — Nicht mit Herrn Gauck! Und das weiß auch besagte Hamburgerschmiede und hat wohlweislich ein solches Angebot nie gemacht.

0620   a) Rasanter Sport   —   Eine interessante Marketing-Idee, würde vor allem bei langweiligen Spielen Sinn machen. Schade, dass es eine Fernsehgesellschaft p-TNT gar nicht gibt.

Deshalb heißt es immer noch: Ein Fußballspiel dauert neunzig Minuten.

b) Ein entscheidender Schlag — Das war plump! Obwohl es bereits in früheren Jahrhunderten feuerwerksähnliche Vorformen der modernen Rakete gegeben hatte, fand eine ernsthafte Forschung an der Raketentechnik erst in den Jahrzehnten nach dem 1. Weltkrieg statt.

0657   Mit Biss — Der beißende Lehrer war nur eine Gestalt aus einem Schüler-Alptraum. Alle Finger blieben dran!

0708   Zurückgespult — Wir trauen es Obama zu, haben aber keine Belege dafür, dass er es tatsächlich kann. Deshalb: Fakenews!

0734   Ikonisches Rindvieh — Da können wir dem, der das glaubt, nur hämisch den Stinkefinger entgegenrecken! Diese Mathild muss erst noch geboren werden!

0824   Der Zahn des großen Steuermanns — Wir drucken hier die Gegendarstellung unseres treuen Lesers anonameous1: „Nachdem ich den Artikel ‚Der Zahn des großen Steuermanns' gelesen hatte, bin ich nach Nordchina gereist, um das Dorf Haulan aufzusuchen. Es gibt gar kein Dorf Haulan! Und natürlich hatte ich keine Gelegenheit den Zahn Mao Tse Tungs zu bewundern. Alles umsonst! Wer zahlt meine Auslagen?"

0850   a) Strampeln gegen Stromkosten — Tolles Konzept, hat das eigentlich schon jemand realisiert? Ein Fitnessstudio

Jinli Wei in Taipeh jedenfalls nicht, das gibt es nämlich gar nicht.

b) Des Lehrers Prophezeiung — Das war zu dick aufgetragen, oder? Gab es jemanden unter unseren Lesern, der das geglaubt hat?

0886 Der mongolische Pferdepiekser – Die armen Tiere, von Schaschlikspießen gespickt! Das konnten wir nicht zulassen. Fake! Fake!

0901 Experimentelle Werbung — Die Ergebnisse einer solchen Studie wurden zwar referiert (zum Beispiel in Packards „Die geheimen Verführer"), waren aber nur ein Werbegag ihres Autors, wie dieser selbst ein paar Jahre später zugab. Dieses tachistokopische Verfahren war in den USA vor diesem Geständnis bereits tatsächlich verboten worden.

0911 Finger weg! — Von dieser Nachricht würden wir schnell die Finger lassen, ansonsten: schnell Finger weg.

1014 a) Alles hat ein Ende… Wie sich herausgestellt hat, funktioniert das Heißschmelzverfahren doch nicht. Also: Kein flotter Dreier — jedenfalls nicht in der Pfanne.

b) Präsidialer Spezialauftrag — Das war doch nur ein Wahlkampfmanöver der Republikaner! Roosevelt stritt den Sachverhalt in seiner berühmt gewordenen „Fala-Rede" ab. Als schottischer und damit sparsamer Terrier, so führte Roosevelt aus, sei Fala wütend, dass ihm die Republikaner eine solche Verschwendung zutrauen würden.

1042 Fette Beute — Auf diesen fetten Happen werden die Polarbären wohl verzichten müssen. Vor allem die Pinguine sagen danke.

1051   a) Beugt Bildung Kriminalität vor? — Abgesehen davon, dass es sich bei den Kriminellen ausschließlich um aus dem italienischen Ausland eingesickerte Taschendiebe handelt: Alles korrekt! Trotz „facts" also ein „fake".

b) Gib Gas und hopp! — Autos sind keine Kängurus! Unser Bericht war lückenhaft, außer einem Stück Piste fehlte auch ein großes Stück Wahrheit. Deswegen: Sorry und gute Fahrt allen Lesern im australischen Outback!

1103 Tierisch verliebt — Das war aber Seemannsgarn vom Feinsten! Ein verhaltensgestörter Pottwal als Stalker… ts ts ts!

1109   Endlich duschen! —   Nachträgliche Recherchen ergaben, dass es besagtes Ingenieurbüro Welschle gar nicht gibt. Die Duschkopfpumpe deswegen leider auch nicht. Es tröpfelt bei den Leidtragenden (sofern es überhaupt solche gibt) also weiter.

1188   Auf links gestrickt   —   Da hatte jemand im Kopf eine Windung zu wenig. Männer fahren Autos, spielen Fußball und trinken Bier oder Whisky. Aber Stricken? Nee…

1231   Nicht entmutigt!   —   Gar nicht witzig, Günter! Angela Merkel verlor nie eine Wahl, zu ihrer Amtszeit nicht und früher schon gar nicht!

1261   Zartrosa — Dass Schweinefleisch essen eine rosa Haut verschafft, wird ja manchen Kindern tatsächlich weisgemacht. Wir haben diesen Fake einfach mal bei den Eltern dieser Kinder geklaut.

1297   Ein ganz besonderer Kap Hornier — Wir gönnen Mr. Tane diese Ehrung, er wird es aber verschmerzen, dass sie ihm hiermit entzogen wird. Schließlich hat er das Kap ja auch gar nicht umpaddelt — falls er überhaupt jemals existierte.

1302   Mehr Lametta! — Unglücklicherweise hat die SantoLtd (von der wir im Übrigen noch nie etwas gehört haben) da eine Zeitungsente unter die Leute gebracht. Unsere geschätzten Leser werden wohl mit den Folgen der Erderwärmung Weihnachten feiern müssen. Unser Tipp also: Lametta, Lametta, Lametta!

1304 Überleben im Müll — Wie der chinesische Staatssekretät für Schiffahrt Jun Keh auf unseren Artikel mitteilte, gab es nie einen Frachter „Feihua". Daraus könne man schließen, dass dieser Frachter nicht gesunken sein könne. Was wiederum Zweifel an der Existenz und Rettung eines Seemanns Youyong aufkommen lasse. – Sehr scharfsinnig geschlussfolgert! Die Redaktion

1382   Mal andersrum betrachtet — Dieser Häuptling hat leider nie Europa bereist, existierte wohl auch gar nicht. Tatsächlich hat der verräterische Veröffentlicher das Buch selbst geschrieben. Ein Fake also, der seit den Zeiten der Studentenbewegung in den späten 1960er-Jahren bis in deutsche Schullehrpläne hinein, Menschen täuschte, die sich manchmal gerne als besonders kritisch darstellen.

1423   Baumeister Hitler — Obwohl die Meinung „Hitler hat die Autobahnen gebaut" in den Nachkriegsjahren noch oft in der Bevölkerung verbreitet wurde, ist sie eindeutig falsch.

Archiv Gegendarstellungen

Dass Hitler die Idee bereits 1923 gehabt habe, geht auf eine nachweisbare Dokumentenfälschung Fritz Todts, Hitlers Straßen-Baumeisters, zurück.

Als erste Autobahn der Welt gilt die heutige A555, die von Köln nach Bonn verläuft und bereits vor Hitlers Machtübernahme im Jahre 1932 von dem damaligen Kölner Bürgermeister Konrad Adenauer eröffnet wurde. Auch die Pläne, Finanzierungen und rechtlichen Voraussetzungen für die Autobahnen, die in den folgenden Jahren, also während der Nazizeit gebaut wurden, lagen 1933 bereits fertig in den Schubladen.

1452   Ein Märchenschloss — Schloss Neuschwanstein kann als Fake News in Stein gelten. Es wurde erst 400 Jahre nach dem Ende des Mittelalters erbaut und ein König, nämlich sein Erbauer Ludwig II. von Bayern, hat sich nur wenige Tage dort aufgehalten. Dafür dauerte es nach dem Tod des Königs nur sechs Wochen, bis die ersten zahlenden Touristen einzogen und die „Ritterburg" besichtigen durften. Das Geld der Touristen wurde benötigt: Der Bau musste schließlich noch bezahlt werden …

1479 Häuschen, Häuschen du musst wandern — Gute Idee eigentlich! Aber eine planmäßige Umsetzung harrt noch der Verwirklichung. Und so lange purzeln noch Jahr für Jahr Häuser die Steilküste hinunter.

1518   Nerd-Town — Diese Gleichung geht nicht auf. Mathematik ist eben kein Freizeitvergnügen — tut uns leid, liebe Schüler!

1562   a) Sturer Papagei — Nach intensivem Nachforschen in der Papageien- Meldekartei müssen wir feststellen, dass ein Kikou dort nicht verzeichnet ist.

b) Sag mir, was du liest — Auch eine gute Idee und wir denken, dass das kommen wird. Bis jetzt aber noch Zukunftsmusik und deswegen: Fake.

1625   Sünden jetzt digital — Pater Ochoa schreibt zu dieser Meldung: "Wer's glaubt, wird selig."

1698   Geld kann man nicht essen? — Für alle, die diese Meldung doch recht unappetitlich fanden: Auch ein Will Daley frisst kein Geld! Die Cree- Indianer haben recht!

1723   a) Auf Sand gebaut — Eine der vielen tollen Ideen, die ihrer Verwirklichung harren aber — leider — immer noch Zeitungsenten sind.

b) Made in San Francisco — Alles soweit richtig — Nieten, Zeltstoff, Goldgräber, Nevada-Jeans, Museum. Aber erfunden hat die Kulthose ein Schneider namens Jacob W. Davis in Reno, Nevada. Der Händler Levi Strauss vermarktete die Jeans lediglich gemeinsam mit und für ihn.

1811   Helgoland — Einer der berühmten (Halb-) Fakes der Geschichte, den der zuvor vom Kaiser als Kanzler abgesetzte Bismarck in die Welt gesetzt hatte: Gegenstand des erwähnten Vertrages zwischen England und Deutschland war die Klärung der kolonialen Einflussnahmen in Ostafrika. Sansibar war nie eine deutsche Kolonie. Deutschland gab lediglich sein Bemühen um Einfluss in Sansibar auf. Dafür zog sich England von der tansanischen Küste zurück, womit Deutschland für seine ostafrikanischen Kolonien freien

Zugang zum Meer bekam. Helgoland, das seit langem für England nutz- und wertlos war, wurde nur nebenbei – weil man nun einmal Gebietsabsprachen verhandelte — in diesem Vertrag zurückgegeben.

1843 Identität aus Plastik — Noch können alle Promis mit Gesichtern aus Fleisch und Blut ganz beruhigt sein — die befürchtete Promi-Inflation steht noch nicht bevor.

1850 Wettlauf zum Himmel — Eigentlich ein guter Zeitvertreib, aber wir konnten nicht einmal in Erfahrung bringen, ob es überhaupt jemals Liftboys im WTC gab. Von Mitch und seinem Freund wissen wir dann natürlich erst recht nichts.

Nachbemerkung des Autors

Die Recherchen zu diesen „Meldungen" sind nach bestem Wissen erfolgt, sie beruhen auf als verlässlich eingeschätzten Quellen (Lexika, Wikipedia, seriöse Zeitschriften, teilweise wissenschaftliche Studien usw.), auf die der Autor ebenso angewiesen ist wie jeder andere. Die aufgestellten Behauptungen beruhen demnach in den meisten Fällen keinesfalls auf Forschungen nach wissenschaftlichen Standards, sondern wurden zu Unterhaltungszwecken recherchiert. Fehlerhafte Feststellungen sind also nicht in jedem Einzelfall auszuschließen.

Insofern gilt letzten Endes auch für den Autor Sokrates' Satz „Ich weiß, dass ich nichts weiß."

Warum nicht mal in Gesellschaft Fakes aufspüren?

- Lest die drei Meldungen einer Ausgabe reihum laut vor.
- Jeder schreibt verdeckt die Meldung(en) auf, die er/sie für einen Fake hält.
- *Deckt eure Lösungen gleichzeitig auf und begründet sie reihum! Wer eine zutreffende Begründung, weitere Informationen oder eine Quelle für eine der drei richtigen Lösung nennen konnte, erhält pro Meldung nach Auflösung einen Zusatzpunkt.*
- Lest die Gegendarstellung: Wer richtig geraten hat, erhält drei Punkte.
-

Varianten/

- Setzt vor dem Vorlesen blind auf Meldung 1, 2 oder drei: Welche Meldung ist erlogen? Wer so einen Zufallstreffer landet, erhält nach der Auflösung einen Punkt.

- Handy-Recherche: Wer findet am schnellsten einen Beleg für die Richtigkeit/Unwahrheit einer Meldung? Die Sieger erhalten in der Reihenfolge der Platzierung 5, 3 oder 1 Punkt.